Mathias Christiansen

Unterwegs in Pankow —
Tolle Touren mit Fahrrad, E-Roller und zu Fuß

Mathias Christiansen

UNTERWEGS IN PANKOW

TOLLE TOUREN MIT FAHRRAD,
E-ROLLER UND ZU FUß

Inhaltsverzeichnis

Haftungsausschluss

Dieses Buch inklusive seiner Inhalte wurde mit größter Sorgfalt erstellt. Gleichwohl kann weder seitens des Autors noch des Verlages eine Gewähr für die Aktualität, Vollständigkeit, Korrektheit und Qualität der bereitgestellten Informationen übernommen werden. Die Benutzung dieses Buches und die Verwendung der darin enthaltenen Informationen erfolgt daher auf eigenes Risiko. Jegliche Haftung für materielle oder ideelle Schäden, die sich aus einer Nutzung oder Nichtnutzung des Werkes ergeben könnten, ist ausgeschlossen.

Beachten Sie bei der Benutzung eines Fahrrades oder E-Rollers stets sämtliche Sicherheitsempfehlungen des Herstellers, Händlers oder Vermieters sowie alle Regelegungen des Straßenverkehrs-, Haftpflichtversicherungs- und sonstigen Rechts!

Hinweis zu externen Verknüpfungen (auch mittels QR-Codes) auf Webseiten Dritter („externe Links").

Die aus dieser Publikation direkt oder mittels QR-Codes aufrufbaren Webseiten unterliegen der Haftung des jeweiligen Betreibers. Der Autor hat bei der erstmaligen Verknüpfung der externen Links die fremden Inhalte daraufhin überprüft, ob möglicherweise Rechtsverstöße bestehen könnten. Zum Zeitpunkt dieser Prüfung waren keine Rechtsverstöße erkennbar. Zugleich weist der Autor darauf hin, dass er keinerlei Einfluss auf die aktuelle und künftige Gestaltung sowie auf die Inhalte verknüpfter Webseiten hat. Das Setzen externer Links bedeutet ferner nicht, dass sich der Autor die hinter dem Verweis bzw. der Verlinkung liegenden Inhalte zu eigen macht.

Vorwort

Unterwegs auf verschiedene Weise

In Pankow gibt es jede Menge zu sehen und noch viel mehr zu entdecken. Wer sich ein wenig Zeit nimmt und den Stadtteil mit all seinen Besonderheiten auf sich wirken lässt, wird so manches Mal erstaunt sein, welch bunten Strauß an historischen Relikten, spannenden Geschichten und wunderschönen Naturschauplätzen Pankow für seine Bewohner und Besucher bereithält.

Das vorliegende Buch soll Fahrradfreunden, E-Roller-Fans und nicht zuletzt Spaziergängern ein kurzweiliger, interessanter und hilfreicher Wegbegleiter auf Touren durch Berlins nordöstlichsten Stadtteil sein. Ob auf zwei Rädern oder zu Fuß – in Pankow unterwegs zu sein, lohnt sich immer.

Kommen Sie also mit und staunen Sie – im Frühling auf dem Pankewanderweg genauso wie im Sommer am Weißen See. Bei einem Besuch des herbstlichen Schlossparks in gleicher Weise wie während eines ausgedehnten Winterspaziergangs über die Felder im Blankenburger Süden.

Lassen Sie sich einladen, Pankow (neu) zu entdecken!

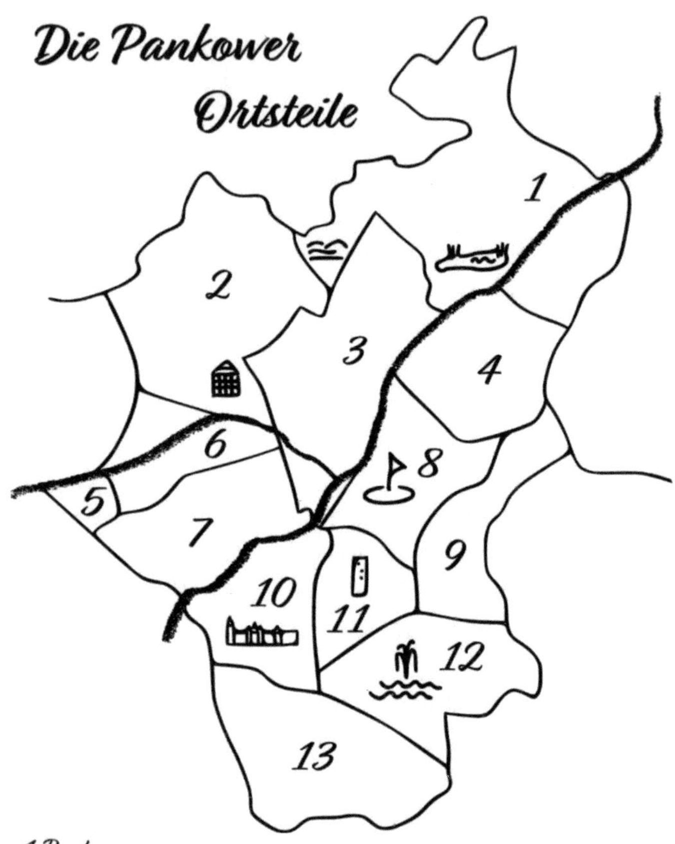

1 Buch
2 Blankenfelde
3 Französisch Buchholz
4 Karow
5 Wilhelmsruh
6 Rosenthal
7 Niederschönhausen
8 Blankenburg
9 Stadtrandsiedlung Malchow
10 Pankow
11 Heinersdorf
12 Weißensee
13 Prenzlauer Berg

1

Zu Beginn: Pankow kurz vorgestellt

Das kleine bis mittelgroße, in Bernau entspringende und später am Schiffbauerdamm in die Spree mündende Flüsschen Panke gilt als Namensgeber des Ortes, der erstmals im Jahr 1311 in einem markgräflichen Dokument urkundlich erwähnt wurde. Recht schnell entwickelte sich das damalige Dorf Pankow nicht nur zu einem geschätzten Wohnort, sondern zog auch das Interesse von Ausflüglern und Naturliebhabern auf sich.

Mitte bis Ende des 17. Jahrhundert war Schloss Schönhausen dann die Sommerresidenz der preußischen Königin Elisabeth Christine, der Gemahlin Friedrichs des Großen. Aus dieser Besonderheit erwuchs ein nicht ganz unbedeutender Aufschwung der regionalen Wirtschaft, denn die royalen Herrschaften wollten schließlich versorgt und bedient werden. Die Ansiedlung von Handwerkern und Bauern in Pankow und den angrenzenden Dörfern (z. B. in Buchholz) trug ebenfalls zum Aufblühen der Gemeinde bei. Zugleich interessierten sich immer mehr Menschen für die landschaftliche Schönheit des Gebietes und neben den Tagesbesuchen zahlreicher Ausflügler – vor allem während der Sommermonate – kam es dazu, dass manch wohlhabender Berliner Bürger seinen Wohnsitz nach Pankow verlegte und sich hier ein villenartiges Häuschen errichten ließ.

1920 wurde Pankow durch die Eingliederung in Groß-Berlin zu einem Bezirk der damaligen Reichshauptstadt. Der neu gebildete Stadtbezirk umfasste neben dem eigentlichen Dorf Pankow auch Buchholz und Niederschönhausen sowie Blankenfelde, Buch und Rosenthal; die Einwohnerzahl nahm weiter zu und die Verkehrsinfrastruktur wurde rasch ausgebaut.

Nach dem Ende des Zweiten Weltkriegs und der Gründung der Deutschen Demokratischen Republik im Jahr 1949 diente Schloss Schönhausen nicht nur als Amtssitz des ersten Präsidenten der DDR, vielmehr zogen auch andere Politiker in den Stadtbezirk und der Name Pankow wurde weit über die Grenzen Berlins hinaus zum Begriff für den ostdeutschen Regierungsapparat.

Als das Politbüro später nach Wandlitz umgezogen und das Schloss seine Funktion als Präsidentenresidenz verloren hatte, blieb Pankow dennoch ein Ort von politischer Bedeutung. So wurden hier mehrere Botschaften errichtet, im Spätherbst 1989 traf sich der „Runde Tisch" im Bezirk und 1990 fanden in Pankow sogar die sogenannten „Zwei-plus-Vier-Gespräche" statt, die den Weg zur deutschen Einheit öffnen sollten.

Nach der Wiedervereinigung Deutschlands wurde der einstige Stadtbezirk Pankow im Rahmen der Berliner Verwaltungsreform schließlich mit den bis dahin ebenfalls eigenständigen Bezirken Weißensee und Prenzlauer Berg zusammengelegt. Für nicht wenige Einheimische steht der Ortsname Pankow trotzdem bis heute in erster Linie für den ehemaligen Stadtbezirk.

Heute ist Pankow nicht ohne Grund einer der beliebtesten Stadtteile Berlins. Egal, ob es darum geht, sich sportlich zu betätigen, einkaufen zu gehen oder einfach nur die Zeit zu genießen – hier lässt sich all das in sehr angenehmer Weise tun. Außerdem bietet Pankow eine attraktive Mischung aus urbanem Leben und grünen Oasen. Alte Villen, verträumte Straßenzüge und kleine Cafés in der Gegend um die Breite Straße laden genauso zum Verweilen ein wie die ausgedehnten Grünflächen im Bürger- oder Schlosspark. Dank der schönen Umgebung kann der nordöstliche Bezirk auch hervorragend als Ausgangspunkt für Touren in die gesunden Wald-, Feld- und Wiesenflächen des Panke-Areals, der Malchower Aue sowie der Gegend rund um Blankenburg, Karow und Buch dienen.

Die Anbindung an den öffentlichen Nahverkehr ist in Pankow sehr gut. Mit S- und U-Bahn, Bus und Straßenbahn lassen sich die anderen Teile der Stadt genauso schnell erreichen wie das naturnahe Umland. Besonders praktisch sind die zahlreichen Haltestellen, die sich in unmittelbarer Nähe zu vielen Wohngebieten befinden. Auch für Pendler bietet Pankow eine ideale Lage, da man von hier aus schnell zum Hauptbahnhof und dank des Regionalverkehrs ab Gesundbrunnen auch rasch zum Flughafen BER und zu anderen Fernzielen gelangt. Da eine gute Anbindung an den öffentlichen Nahverkehr als wichtiger Faktor für hohe Lebensqualität gilt, lässt sich sagen: In Pankow wird in dieser Hinsicht definitiv niemand enttäuscht.

Pankow ist für Singles, Paare und Familien gleichermaßen attraktiv. Hier finden sich nicht nur unzählige Einkaufs- und Einkehrmöglichkeiten, sondern auch viele Schulen, Kindergärten und Sportstätten. Zudem gibt es in Pankow jede Menge Freizeitmöglichkeiten für jeden Geschmack. Wer gerne draußen ist, kann beispielsweise den Bürgerpark besuchen, der mit seinen weitläufigen Grünflächen und dem Tiergehege zum Spazierengehen oder Picknicken einlädt. Der Schlosspark mit seinem berühmten Schloss Schönhausen gilt als beliebtes Ausflugsziel zu jeder Jahreszeit. Gleiches gilt für den Rundweg um den Weißen See, die „Flaniermeile" Breite Straße oder den Botanischen Volkspark Blankenfelde.

Kulturell Interessierte kommen in Pankow ebenfalls auf ihre Kosten: So finden an zahlreichen Orten regelmäßig Konzerte, Lesungen und Theateraufführungen statt. Traditionelle und moderne Kunstformen sind in den Galerien, Museen und Begegnungspunkten des Stadtbezirks gleichermaßen zu finden. Und das jährliche „Fest an der Panke" schließlich bietet Unterhaltung und Spaß für Groß und Klein.

Von einer tollen Umgebung profitieren

In Pankow zu leben, bedeutet auch, sich in unmittelbarer Nähe zu den Naturschutzgebieten rund um Berlin zu befinden. Besonders der Naturpark Barnim bietet zahlreiche Möglichkeiten, die Landschaft zu erkunden und zu genießen. Ob beim Wandern, Radfahren oder mit dem E-Roller – die grüne

Umgebung Pankows ist eine wahre Oase der Ruhe und Entspannung. Von Blankenburg bis Blankenfelde, von Buch bis Malchow kommen Pflanzen- und Tierliebhaber voll auf ihre Kosten, denn seltene Züchtungen wie die des opulenten Kakteengewäches „Königin der Nacht" im rund 34 Hektar großen Botanischen Volkspark sind hier genauso zu bewundern wie Weißstörche oder Steinmarder.

Etwas weiter draußen, etwa in Lindenberg oder Schildow, wähnt man sich dann bereits so richtig „auf dem Dorfe" und kann die Vorzüge des beschaulichen ländlichen Lebens in vollen Zügen genießen – ein Gewinn für jeden, der von Zeit zu Zeit dem Trubel und der Hektik großstädtischen Lebens entfliehen möchte.

Kurzum: Pankow ist als Ort von Kunst, Kultur und kulinarischen Genüssen genauso attraktiv wie als Tor ins Grüne.

2

Viele reizvolle Entdeckungsmöglichkeiten

Wer nun einwenden mag, die deutsche Hauptstadt hätte wahrlich bessere Ziele zu bieten als ausgerechnet das Gebiet von Pankow und dessen unmittelbare Umgebung, dem sei gesagt: Er denkt zu kurz! Denn hier in Pankow finden sich Entdeckungsmöglichkeiten, die praktisch für jeden Berliner oder Berlin-Besucher reizvoll sind. Exemplarisch seien an dieser Stelle genannt:

- der Bürgerpark und Schlosspark,
- der historische Ortskern,
- das Kissingenviertel,
- der Botanische Volkspark,
- Mörderberg und Blankenburger Süden.

Ohne Frage: Wer an Spazierwege sowie an Rad- oder E-Roller-Touren in Berlin denkt, dem mögen vielleicht zunächst die bekannten Strecken wie die Spreeufer- oder Mauerweg-Route in den Sinn kommen. Doch gerade der Stadtbezirk Pankow hat für Wanderer und Zweiradfreunde einiges mehr zu bieten. Mit seinen zahlreichen Parks und Grünflächen sowie historischen Sehenswürdigkeiten ist der Stadtteil ein ideales Ziel für entspanntes Unterwegssein.

Pankow ist eben einzigartig. Das liegt nicht nur daran, dass es der aktuell bevölkerungsreichste Bezirk Berlins ist, sondern auch an seiner Vielseitigkeit und Schönheit. Die Natur spielt hier eine große Rolle: Pankow hat viele Grünflächen, Parks und Wälder zu bieten. Zudem ist die Architektur beeindruckend – von historischen Gebäuden bis hin zu modernen Wohnkomplexen. Besonders schön sind die vielen Straßen rund um den alten Dorfanger, die zum Erkunden und Entdecken einladen. Insofern ist Pankow tatsächlich ein Ort mit ganz besonderem Charme und einer einzigartigen Atmosphäre – perfekt geeignet für Spaziergänge, Rad- und Rollertouren!

Kommen Sie mit!

Ein Spaziergang oder eine Rad- und Rollertour durch Pankow bietet nicht nur eine schöne Möglichkeit, die Natur zu genießen und viel frische Luft zu bekommen, es gibt auch zahlreiche Sehenswürdigkeiten entlang der verschiedenen Routen. Von historischen Gebäuden wie dem Amtsgericht in der Kissingenstraße und der Kirche „Zu den vier Evangelisten" in der Breiten Straße bis hin zum Barockschloss Schönhausen, in dem nicht nur Königin Elisabeth Christine von Preußen ihre Sommertage verbrachte und der erste und einzige Präsident der DDR, Wilhelm Pieck, residierte, sondern einst auch hochrangige Staatsgäste übernachteten. Neben alldem stellt auch das ehemalige Grenzgebiet zwischen Ost- und Westberlin ein interessantes Ziel für Pankow-Entdecker dar. Doch wohin es auch

immer gehen mag – in Pankow gibt es hervorragende Möglichkeiten für tolle Touren. Lassen Sie sich daher einladen und
kommen Sie mit auf eine Entdeckungsreise vor der Haustür.

Zusatztipps für E-Roller-Fahrer

Hinweis: Passionierte Spaziergänger und eingefleischte Radler mögen die nächsten beiden Abschnitte geflissentlich überblättern und gleich zu Kapitel 5 kommen.

Das vorliegende Buch soll nicht nur Spaziergängern und Fahrradfahrern ein guter Begleiter sein, sondern auch den Fans von elektrisch angetriebenen Rollern. Schließlich gewinnt dieses neuartige Fortbewegungsmittel immer mehr an Bedeutung und längst nutzen viele Berliner die wendigen Fahrzeuge nicht allein für den Weg zur Arbeit oder zu Freunden, sondern auch für Ausflüge und Kurztrips. Daher finden sich in den beiden folgenden kurzen Kapiteln ein paar hilfreiche Zusatztipps für E-Roller-Fahrer.

BERLIN-PANKOW

3

Die große Frage für E-Scooter-Fans: Mietroller oder eigenes Fahrzeug?

Als elektrisch angetriebene Ein-Personen-Fahrzeuge können E-Roller viele Transportaufgaben im Alltag übernehmen. Ob die Fahrt zur Arbeit, zur Uni oder zum Arzt, ob ein rascher Besuch bei pflegebedürftigen Angehörigen oder die berühmte „letzte Meile" vom Bahnhof nach Hause – E-Roller bieten dank ihrer Flexibilität und der verhältnismäßig leichten Mitnahmemöglichkeiten in Bus und Bahn (bei zusammenklappbaren Modellen) eine Menge Vorteile. Auch in der Freizeit erfreuen sich die flinken Roller immer größerer Beliebtheit. Kein Wunder also, dass immer mehr Anbieter für Miet-Scooter auf den Markt treten. Gerade in der deutschen Hauptstadt gibt es inzwischen ein breites Netz an Verleihunternehmen – alle haben hinsichtlich Flottenstärke, Verfügbarkeit und Preisgestaltung unterschiedliche Vor- und Nachteile. Wer einen Roller für den täglichen Arbeitsweg nutzen möchte oder regelmäßige Ausflüge auf seinem umweltfreundlichen Gefährt plant, wird in aller Regel mit einem eigenen Fahrzeug besser bedient sein. Zwar kosten gute Modelle meist deutlich mehr als 500 Euro, gleichwohl ist die jederzeitige Verfügbarkeit ein klarer Pluspunkt und die Anschaffungskosten können sich angesichts nicht selten hoher Minutenpreise von Mietroller-Anbietern rasch amortisieren.

Sämtliche in diesem Buch beschriebenen Touren können grundsätzlich sowohl mit einem privaten E-Scooter als auch mit einem gemieteten Fahrzeug zurückgelegt werden. Wichtig ist es lediglich, vor allem beim Zielpunkt darauf zu achten, dass sich der gemietete Roller noch innerhalb des Betriebsgebietes des jeweiligen Anbieters befindet. Andernfalls wird die Rückgabe möglicherweise abgelehnt und/oder es entstehen hohe Folgekosten für die Rückholung durch den Vermieter. Bedenken Sie zudem, dass es mit einem gemieteten Roller im Gegensatz zu einem eigenen Fahrzeug praktisch nie möglich oder erlaubt ist, öffentliche Verkehrsmittel zu benutzen. Sie sollten also Ihre Tour so planen, dass Sie problemlos am jeweiligen Zielpunkt ankommen können und nicht auf die Rückfahrt mit Bus oder Bahn angewiesen sind. Dies gilt auch für die Akkureichweite! Achten Sie hier schon bei der Anmietung darauf, ein Fahrzeug mit genug Energiereserven für die geplante Tour zu erhalten und weichen Sie gegebenenfalls auf einen Roller in der Nähe aus.

Volle Batterie – und im Idealfall auch ein Wechselakku

Apropos Akku: Auch bei einem privat genutzten E-Roller gilt es selbstverständlich auf ausreichende Restkapazität zu achten. Am besten starten Sie Ihre Fahrten immer mit einer frisch und vollständig aufgeladenen Batterie. Je nach Rollertyp steht Ihnen dann eine entsprechende Reichweite zur Verfügung, die Sie ohne sorgenvollen Blick aufs Display zurücklegen können. Alle hier vorgestellten Routen sollten sich mit jedem intakten modernen E-Roller ohne Unterwegsladung vollständig bewältigen lassen – vorausgesetzt natürlich, die Batterie ist bei

Fahrtantritt voll. Bei Fahrzeugen mit herausnehmbarem Akku kann es dennoch eine gute Idee sein, sich eine Zweitbatterie zu beschaffen und diese – in Umhängetasche oder Rucksack – mitzuführen. Auf diese Weise lassen sich auch unvorhergesehene Umwege oder das Ausdehnen der Fahrt problemlos realisieren.

Buch

4

Safety first: Was vor und während der Fahrt mit einem E-Roller beachtet werden sollte

E-Roller müssen im Straßenverkehr grundsätzlich wie Fahrräder gefahren werden. Das bedeutet, dass die Benutzung von Radwegen und zum Teil auch von Autostraßen vorgeschrieben ist. Neben den technischen Voraussetzungen (Bremsen, Klingel, Lichtanlage usw.) darf auf öffentlichem Straßenland nur mit Rollern gefahren werden, die über eine gültige Betriebserlaubnis verfügen und für die eine eigene Haftpflichtversicherung (nebst Kennzeichen!) abgeschlossen wurde. Außerdem gelten gesetzliche Regelungen zum Mindestalter, zur maximal zulässigen Geschwindigkeit sowie dem Fahren unter Alkoholeinfluss. Beachten Sie vor und während der Fahrt unbedingt sämtliche relevanten Vorschriften und Empfehlungen, wozu auch eine ausreichende Sicherheitsausrüstung (Helm, Jacke usw.) gehört.

In jedem Falle gilt:

- Fahren Sie vorsichtig, wenn Sie Fußgänger und ggf. Radfahrer überholen. Verringern Sie Ihre Geschwindigkeit und halten Sie Abstand.

- Passen Sie Ihre Geschwindigkeit stets den örtlichen Gegebenheiten an (Straßenzustand, Kurven, Sicht, viele andere Verkehrsteilnehmer usw.)

- Fahren Sie nicht auf Fußwegen!

- Parken Sie Ihren Roller immer so, dass andere Verkehrsteilnehmer nicht behindert oder belästigt werden.

- Fahren Sie nicht in müdem Zustand, wenn Sie sich krank fühlen oder unter dem Einfluss von Alkohol oder anderen berauschenden Substanzen stehen.

Bedenken Sie: Als Fahrer sind ausschließlich Sie selbst dafür verantwortlich, dass Ihr Roller alle rechtlichen Anforderungen erfüllt. Wenn Sie einen Elektroroller mit einer höheren Geschwindigkeit oder einer stärkeren Motorleistung als zulässig fahren, erlischt die Betriebserlaubnis und Sie haften für sämtliche daraus resultierende Folgen!

Mit „Safety first" sind Sie immer auf der sicheren Seite und können entspannt in Ihre Tourenabenteuer starten.

5

Zur Benutzung dieses Routenführers

Bevor es nun endlich losgeht mit der ersten Tour kurz noch ein paar hilfreiche Worte zur Benutzung dieses Routenführers.

Am Beginn jeder Tour finden sich die wichtigsten Angaben zur gesamten Wegstrecke, der geschätzten Fahrt- bzw. Fußwegzeit (inklusive kurzen Stopps an interessanten Punkten) sowie zu Picknickmöglichkeiten.

Über den QR-Code kann die jeweilige Route bequem auf ein Smartphone heruntergeladen und unterwegs genutzt oder vorab zu Hause auf Computer oder Tablet vorbereitet werden. Am Ende der Streckenbeschreibung finden Sie im Buch aber auch noch eine detaillierte Liste mit den Straßen und Wegen der jeweiligen Tour.

Die meisten Touren beginnen oder enden an S-Bahn-Stationen. Eine Anreise ist daher auch für Nicht-Pankower sehr bequem möglich.

Alle Touren lassen sich grundsätzlich ebenso bequem mit Fahrrad oder E-Roller als auch zu Fuß zurücklegen.

Scan
mich!

Tour 1

Tour 1: Von Pankow nach Buch

Die Tour im Überblick

Start: S-Bahnhof Pankow
Ziel: S-Bahnhof Buch
Gesamtstrecke: ca. 11 km
Fahrzeit (Rad/Roller): etwa 1 Stunde
Fußweg: etwa 3 ½ Stunden
Besonderheiten: teilweise Naturschutzgebiet
Picknickmöglichkeiten: Buchholz, Hügel an Straße 42
                        Pankeweg / Karower Teiche,

Diese Route mit dem Smartphone aufrufen:

Die verlinkten Kartendaten sind verfügbar gemäß Open Database License
© OpenStreetMap-Mitwirkende – Keine Gewähr für permanente Verfügbarkeit.

Eine der schönsten Strecken in Pankow wollen wir gleich als Erstes in Angriff nehmen – die Tour vom Zentrum hoch nach Buch. Zugegeben, diese Strecke ist durchaus eine der längsten, die in diesem Büchlein vorgestellt werden. Sie gehört aber zweifelsfrei auch zu den schönsten und ist also bestens dazu geeignet, den Auftakt zur Erkundung des Pankower Areals zu bilden. Unser erster Ausflug führt fast durchweg entlang des Flüsschens Panke und bietet immer wieder herrliche Aussichten auf die wunderschöne Natur.

Start: S-Bahnhof Pankow

Unsere Tour beginnt am S-Bahnhof Pankow, den wir am Ausgang Florastraße verlassen, bevor wir uns nach rechts und an der nächsten Einmündung nach links wenden. Hier folgen wir der Berliner Straße, vorbei am ehemaligen Jüdischen Waisenhaus auf der rechten und dem ehemaligen Hauptpostamt auf der linken Seite. Einen näheren Blick in die Historie dieser beiden geschichtsträchtigen Gebäude wollen wir an dieser Stelle nicht werfen, sondern uns diesen interessanten Abstecher für die Tour Nr. 4 „Durch den Ortskern von Alt-Pankow" aufheben.

An der Breiten Straße setzen wir unseren Weg halb links, aber dennoch geradeaus in die Ossietzkystraße fort, der wir so lange folgen, bis sich auf der rechten Seite der Schlosspark mit seinen Grünflächen öffnet.

Haben wir den Schlosspark erreicht, halten wir uns halb rechts und überqueren an dieser Stelle zum ersten Mal auf unserem heutigen Weg die Panke – ein Geschehen, welches sich auf dem Weg bis hinaus nach Buch noch mehrfach wiederholen wird. Linkerseits des Flüsschens folgen wir nun aber zunächst für eine Weile der Schlossallee und bewegen uns hier unmittelbar an der Grenze zwischen den Ortsteilen Pankow (auf der rechten Seite) und Niederschönhausen (auf der linken Seite) bis hinauf zur Pasewalker Straße, auf der auch die Straßenbahnlinie 50 vom Rudolf-Virchow-Klinikum in Wedding zur Guyotstraße in Französisch-Buchholz verkehrt. Da unsere Tour erst hier so richtig startet, könnte der eine oder andere Spaziergänger die Möglichkeit einer Anreise per Tram nutzen und an der Haltestelle Galenusstraße zu uns stoßen.

Feuerwache Pankow / Karpfenteiche

Wenn wir die Pasewalker Straße überqueren, fällt unser Blick nach rechts. Hier befindet sich hinter der 2020 neu erbauten Löffelbrücke die Feuerwache Pankow. Seit dem Jahr 2014 brechen von hieraus Löschfahrzeuge und Rettungswagen zu ihren Einsätzen im Norden Berlins auf; zuvor befand sich die Wache über 100 Jahre lang in der Grunowstraße, dicht beim S-Bahnhof Pankow. Mit dem Neubau hier an der Pasewalker Straße hat sich Berlin leider kein Ruhmeszeugnis ausgestellt: Zum einen reicht der vorhandene Platz nicht aus, um sämtliche Fahrzeuge in der Halle unterzustellen und über eigene Tore ausfahren zu lassen. Zum anderen wurde bei der Errichtung kein

Aufzug eingeplant. Die Wasserschläuche lassen sich daher nicht aus dem Keller nach oben bringen und müssen stattdessen hinter der Wache in einem separaten Container lagern. Angesichts der stolzen Kosten von 5,67 Millionen Euro (von denen allein 32.000 Euro für die Wandmalerei „Schlauchmotiv" an der Außenseite des Gebäudes draufgingen) ist das nicht wirklich nachvollziehbar.

Nun wollen wir uns aber heute nicht irritieren lassen, sondern fröhlich unseren Weg an der Panke entlang fortsetzen. Unmittelbar an der Kurve der Autobahnausfahrt beginnt links ein lauschiger Weg, der uns zu den Karpfenteichen führen wird.

An den Karpfenteichen

Nicht verwechselt werden dürfen die hier zu findenden „Buchholzer Karpfenteiche" (je nach regionaler Gesinnung auch als

Heinersdorfer Karpfenteiche" oder „Blankenburger Karpfenteiche" bezeichnet) mit denen in Buch, die sich im westlichen Teil des Bucher Forstes, südlich der Schönerlinder Chaussee befinden. Bei „unseren" Karpfenteichen haben wir es mit insgesamt vier durch Böschungen und Wege voneinander getrennten Pfuhlen zu tun, die sich – zum Teil – aus den Regenwasser-Abzugsgräben der umliegenden Kleingartenanlagen speisen. Sollten – wie von vielen Anwohnern befürchtet – im Zuge der Schaffung der neuen Wohnstadt „Blankenburger Süden" und der damit erforderlichen neuen Verkehrsinfrastruktur einschließlich eines Straßenbahndepots – viele Parzellen verschwinden, könnte das unter Umständen auch schwerwiegende Folgen für den Wasserzulauf der hiesigen Karpfenteiche haben. Keine schöne Vorstellung ...

Bald erreichen wir auf unserem Weg nun rechter Hand einen schönen Spielplatz, der viel Fläche zum Herumtoben für die Kinder und Bänke zum Entspannen für die Eltern bietet.

Kurz hinter dem Spielplatz taucht auf der gegenüberliegenden Seite eine Fußgängerbrücke über die Panke auf. Sie befindet sich an exakt der gleichen Stelle, an welcher bis in die 1970er Jahre die Industriebahn Tegel-Friedrichsfelde verlief (vgl. auch Tour 12). Überquert man heute die Brücke, präsentiert sich rechterhand ein bewaldeter Hügel, der bei schönem Wetter zu einem kleinen Picknick einlädt. Wer mag, kann statt über die Brücke zu fahren aber auch nach rechts in östliche Richtung abbiegen und das dort befindliche Ausflugslokal Wiesenbaude aufsuchen. Hier werden erfrischende Getränke und ein kleiner

Imbiss oder auch duftender Kaffee und leckerer Kuchen ange-
boten.

An dieser Stelle ein kleiner Tipp zur besseren Orientierung auf
der Tour nach Buch: Egal, ob Sie mit dem Fahrrad, einem E-
Roller oder zu Fuß unterwegs sein sollten – das nachfolgend
abgebildete Schild weist Ihnen zuverlässig den Weg. Es taucht
entlang der Strecke in regelmäßigen Abständen auf und hilft
Ihnen dabei, nicht falsch abzubiegen:

Pankebecken, Bahnhofstraße, Gewerbehof

Bald schon kommt auf der linken Seite unseres Weges ein weiteres Gewässer in Sicht – das Pankebecken. An dessen süd-
westlichem Ende – von dem wir uns nähern – mündet der
Nordgraben in die Panke. Er verläuft von hieraus nach Nordwesten bis hin zum Tegeler See und dient in erster Linie der
Wasserregulierung. Was es mit diesem Entwässerungskanal
auf sich hat und welche interessanten Naturbereiche er durch-
läuft, werden wir bei anderer Gelegenheit näher betrachten

(vgl. Tour 9 – „Steile Schluchten wie im Harz: Abenteuer am Nordgraben"). Hier am Pankebecken jedenfalls finden wir abermals ein schönes Fleckchen Erde und möchten einen Augenblick verweilen und die klare Wasseroberfläche auf uns wirken lassen.

Wenn wir unseren Weg noch ein paar Meter fortsetzen, erreichen wir die Bahnhofstraße, die Französisch-Buchholz mit Blankenburg verbindet. Wir überqueren sie, halten uns nach links und gelangen nach gut 100 Metern an eine Straßenkreuzung mit Ampelanlage. Wir biegen nach rechts ab in die Ferdinand-Buisson-Straße, lassen den Gewerbehof rechter Hand liegen und biegen wenig später in die leicht links abzweigende Ludwig-Quidde-Straße ein. Nun geht es immer geradeaus, vorbei an schönen Kleingärten, in die gern ein anerkennender Blick geworfen werden darf. Am Ende der Ludwig-Quidde-Straße halten wir uns rechts und schwenken in die Straße 74 ein, die schon bald den Namen Klarapfelweg führt und uns direkt zur Königsteinbrücke bringt.

Königsteinbrücke

Im Folgenden überqueren wir die Königsteinbrücke, eine in den frühen 2020er-Jahren anstelle des einstigen Bauwerks aus DDR-Zeiten neu errichtete, jetzt erstaunliche vier Meter breite Fußgängerüberführung über die Autobahn A 114. Für die Bewohner des nordwestlichen Blankenburg ist diese Brücke die kürzeste Verbindung zum nächsten Verkehrsmittel – der Straßenbahnlinie 50 in Französisch Buchholz. Auch wird die Königsteinbrücke von vielen Kindern und Jugendlichen für den täglichen Schulweg genutzt.

Königsteinbrücke über die Autobahn A 114

Wasserfall / „Pankow Kaskaden"

Haben wir die Königsteinbrücke überquert, halten wir uns nach links und folgen kurz der Flaischlenstraße und erreichen schon bald die Krontaler Straße. Hier im Dreieck zwischen Panke, Rübländergraben und Brendegraben lässt sich eine weitere interessante Entdeckung machen: ein echter Wasserfall! Etwas versteckt liegen im Wäldchen auf der linken Seite die „Pankow Kaskaden", ein zwar kleines, dennoch feines und sehenswertes

Fleckchen. Der Abstecher von der Krontaler Straße zum Wasserfall lohnt sich also in jedem Fall – der Zugang liegt auf der linken Seite direkt in der Kurve. Er ist erkennbar an einer unterbrochenen Leitplanke und dem Wegweiser („Pankeweg").

Eisenbahnunterführung und Stellwerk

Setzen wir nach dem Abstecher zum Wasserfall unseren Weg auf der Krontaler Straße fort, unterqueren wir schon bald die doppelte Eisenbahnbrücke, auf der die Gleise des Berliner Außenrings nach Schönfließ beziehungsweise Berlin-Karow und Hohenschönhausen liegen. Zwischen den beiden Brücken befindet sich rechter Hand das elektromechanische Stellwerk AKW („Abzweig Karow-West"), welches trotz der ansonsten praktisch zentralen Steuerung des gesamten ostdeutschen Eisenbahnverkehrs von der DB-Betriebszentrale in der Pankower Granitzstraße auch heute noch in Betrieb ist.

Das Stellwerk AKW („Abzweig Karow-West") am Berliner Außenring

Etwa 25 Meter hinter der Brücke verlassen wir die Krontaler Straße und überqueren erneut die Panke. Von nun an geht es fast nur noch schnurgerade nach Buch. An der Pankgrafenbrücke passieren wir eine Stadtstraße (Fußgängerüberweg) und im dann folgenden Abschnitt lässt sich die herrliche Natur des Naturschutzgebietes Karower Teiche genießen. Bei den entsprechend ausgeschilderten Punkten führen kleine Wanderwege auf der linken Seite direkt zu Schilfteich, Weidenteich und Ententeich. An mehreren Stellen sind besondere Aussichtspunkte eingerichtet worden, die einen tollen Blick auf den Schilfgürtel sowie auf Flora und Fauna des NSG Karower Teiche bieten. Neben der Möglichkeit, hier Zauneidechsen und der einen oder anderen Ringelnatter und im Sommer über zwanzig verschiedenen Libellenarten zu begegnen, sind die Teiche als Amphibienlaichplatz auch über die Region hinaus bedeutsam. Besondere Vögel wie Schwarz- und Braunkehlchen, die Sperbergrasmücke und sogar der Pirol sind hier heimisch. Außerdem sind im Naturschutzgebiet weit mehr als 300 wildwachsende Pflanzenarten nachgewiesen worden. Ausführliche Informationen dazu stehen auf der Infotafel, die sich direkt an unserem Weg nach Buch befindet, dem wir nun weiter folgen wollen.

Unterwegs laden an mehreren Stellen hölzerne Bänke zum Verweilen und Rasten ein – vor allem gegenüber der Einmündung des Rübländergrabens in die Panke ist ein wunderbarer Ort für ein lauschiges Picknick.

Setzen wir unseren Weg fort, erreichen wir bald die in den 2020er Jahren neu errichtete Brücke über die Autobahn A 10, den sogenannten Berliner Ring. Das hiesige Teilstück des größten Autobahnrings Europas wurde in den Jahren von 1972 bis 1974 als Lückenschluss in Betrieb genommen und in der Folgezeit mehrfach instandgesetzt beziehungsweise ausgebaut. Heute rollt der Verkehr in hohem Tempo auf modernem Asphalt unter uns dahin und lässt kaum mehr erahnen, wie mühselig der Autobahnbau angesichts des zum Teil recht großen Maschinen- und Materialmangels zu DDR-Zeiten war und wie holperig sich eine Fahrt über die schnell verschleißenden Betonplatten gestaltete.

Moorlinse Buch

Kurz bevor wir unser Ziel – den S-Bahnhof Berlin-Buch – erreichen, bietet sich uns nochmals ein sehr schöner und zu jeder Jahreszeit attraktiver Ausblick: die Sicht auf die Moorlinse. Bei der Moorlinse handelt es sich um ein tiefes Verlandungsmoor im Schmelzwassersandgebiet der Panke. Ein Röhrichtgürtel umgibt das insgesamt 11,9 ha große Gelände, dessen verhältnismäßig hohe und auf den ersten Blick an einen See erinnernde Wasserstände sind 2009 durch die Einrichtung einer sogenannten Sohlgleite, einem quer zur Strömung liegenden Regelbauwerk zur Begrenzung der Tiefenerosion der Gewässersohle, langfristig gesichert worden. Im Bereich der Moorlinse lassen sich Amphibien, Reptilien und seltene Vögel finden – im Jahr 2017 sollen hier über 60 verschiedene Brutvogelarten mit 274 Revieren nachgewiesen worden sein. Auch Zugvögel kennen und lieben die Moorlinse und nutzen das Biotop als Rast- und Mauserplatz. Gesehen wurden hier neben nordischen Gänsen und Graugänsen sogar Regenpfeifer und Kraniche. Sie alle tummeln sich in Gesellschaft von Teichmolchen, Knoblauch- und Erdkröten sowie von Teich-, Moor- und Grasfröschen.

Die Moorlinse in Buch

Leider soll nur 100 Meter von der Moorlinse entfernt in den nächsten Jahren das neue Stadtquartier „Am Sandhaus" entstehen – ein Wohnviertel mit rund 2 700 Einheiten. Es bleibt zu hoffen, dass sich die Planer und Architekten ihrer Verantwortung gegenüber der Natur in Flora und Fauna bewusst sind und klug handeln.

Nun haben wir unser Ziel erreicht – den S-Bahnhof Berlin-Buch. Mehr als zehn Kilometer abwechslungsreicher und wunderschöner Wegstrecke liegen hinter uns. Vom Schlosspark aus sind wir immerfort der Panke stromaufwärts gefolgt und durften uns am plätschernden Wasser sowie an den Ufern des kleinen Flüsschens erfreuen. Die Heimfahrt lässt sich von hieraus bequem mit der S-Bahn starten. Wer es mag und noch über genug Kraft und Zeit verfügt, kann aber selbstverständlich weiter nach Norden ziehen und dem Verlauf der Panke bis Bernau folgen.

↻ Start S-Bahnhof Pankow, Ausgang Florastraße

↱ auf Florastraße

↰ auf Berliner Straße

∟ an der Pankower Kirche in die Ossietzkystraße

↗ am Beginn des Schlossparks halb rechts halten

↑ dem Weg der Panke und der Schlossallee folgen

↑ an der Löffelbrücke Pasewalker Straße überqueren

↱ auf Pankeweg einbiegen

↑ Pankeweg folgen bis Bahnhofstraße

↰ auf Bahnhofstraße

↱ auf Ferdinand-Buisson-Straße

↖ leicht links auf Ludwig-Quidde-Straße

↱ auf Straße 74

↑ über die Königsteinbrücke

↰ auf Flaischlenstraße

↰ auf Krontaler Straße

↰ hinter Eisenbahnunterführung über Pankebrücke

↱ auf Pankeweg

↑ Pankeweg folgen

↑ Pankgrafenstraße überqueren

↑ Pankeweg folgen

↑ über Autobahnbrücke A10

↑ Kleine Wiltbergstraße folgen

↺ Ziel S-Bahnhof Buch

Tour 2

Tour 2: Durch Bürgerpark und Schlosspark

Die Tour im Überblick

Start:	S-Bahnhof Pankow
Ziel:	S-Bahnhof Pankow-Heinersdorf
Gesamtstrecke:	ca. 6 km
Fahrzeit (Rad/Roller):	etwa 3/4 Stunde
Fußweg:	etwa 2 Stunden
Besonderheiten:	eventuell Rathausbesichtigung
Picknickmöglichkeiten:	Bürgerpark und Schlosspark

Diese Route mit dem Smartphone aufrufen:

Die verlinkten Kartendaten sind verfügbar gemäß Open Database License © OpenStreetMap-Mitwirkende – Keine Gewähr für permanente Verfügbarkeit.

Tour 2 – Durch Bürgerpark und Schlosspark

Zu den eher beschaulichen, gleichwohl nicht minder interessanten Erlebnistouren gehört die Route vom Bürgerpark zum Schlosspark von Schönhausen und das intensive Kennenlernen dieser beiden Parkanlagen. Und hier gibt es wirklich viel zu sehen: vom prächtigen Parkportal bis hin zum idyllischen Ufer der Panke. Von jeder Menge Brücken bis zu vielen verschiedenen Springbrunnen.

Die Tour beginnt am S-Bahnhof Pankow und führt uns zunächst zum Bürgerpark. Anschließend geht es weiter in den Schlosspark, wo sich nicht nur das barocke Schloss, sondern auch die zu jeder Jahreszeit schöne Natur mit vielen ausgedehnten Wiesenflächen bewundern lässt. Wer gerne spazieren geht, kann im Sommer auch einen Abstecher in den Rosengarten im Bürgerpark machen oder sich auf eine Bank setzen und die Ruhe genießen. Mit einer Länge von insgesamt etwa 6 Kilometern eignet sich diese Tour perfekt für einen entspannten Nachmittag.

Start: S-Bahnhof Pankow an der Florastraße

Um vom S-Bahnhof Pankow, dem Startpunkt unserer heutigen Tour zum Bürgerpark zu gelangen, nutzen wir den Weg entlang der Florastraße in Richtung Mühlen-/Wollankstraße. Aus dem Bahnhofsgebäude kommend halten wir uns also nach links und folgen der Florastraße, die im 19. Jahrhundert noch den Namen „Communikationsweg" trug, eine weiland in mehreren Gemeinden in und um Berlin zu findende Bezeichnung für die Verbindung zwischen zwei Ortsteilen. Später erfolgte dann die Umbenennung in Florastraße - wohl vor allem wegen der damals zahlreichen Kleingartenanlagen in diesem Pankower Areal. Heute präsentiert sich die Florastraße als Paradebeispiel der urbanen Bebauung. Die Bandbreite reicht hier vom manchmal als etwas bieder empfundenen Stil der frühen 1900er Jahre über die sachlich-eleganten Ideen der Zeit um 1930 bis hin zu Lückenbauten unserer Tage. Als interessantes und sehenswertes Objekt gilt vor allem die „runde Ecke" an der Einmündung der Dusekestraße.

Alte Mälzerei

Nach dem Überqueren der Mühlenstraße setzen wir unseren Weg auf der Florastraße fort, der wir bis zur auf der rechten Seite liegenden Einmündung der Neuen Schönholzer Straße folgen, in welche wir auch einbiegen. Hier fällt uns bald rechter Hand die Alte Mälzerei auf, ein ursprünglich 1874 errichtetes und bis zum Kriegsende 1945 als Produktionsstätte für aus Braugerste gewonnenes Biermalz genutztes Bauensemble. In der Nachkriegszeit und noch bis etwa 1975 diente der Gebäudekomplex als Warenlager für die Handelsorganisation (HO) der DDR. 1977 wurde die Alte Mälzerei schließlich unter Denkmalschutz gestellt und ab 2007 erfolgte in den Häusern die Schaffung von attraktiven Wohnungen. Das gesamte Gelände der Mälzerei beläuft sich auf beachtliche 12 000 Quadratmeter und wird vor allem durch vier Hauptgebäude dominiert, die gemeinsam eine U-Form bilden. Leider hat der lange Leerstand während der letzten Jahre der DDR und der Nachwendezeit zum vollständigen Verlust vieler historischer Einrichtungselemente geführt, was bedauerlich, aber nicht mehr zu ändern ist.

Rathaus Pankow

Schon bald erreichen wir nun die große Kreuzung Breite Straße/Schönholzer Straße, an der sich auf der rechten Seite das Rathaus Pankow befindet. Es gehört zu den auffälligsten und auch monumentalsten Gebäuden im Bezirk und wurde zwischen 1901 und 1903 nach Entwürfen der Architekten Wilhelm Johow, Alexander Poeschke und Rudolf Klante als eine Mischung unterschiedlicher Baustile (Neogotik, Neobarock und Jugendstil) erbaut; der Erweiterungsbau an der Ecke Neue Schönholzer Straße wurde 1929 eröffnet. Neben der Beherbergung verschiedener Dienststellen des Bezirksamtes fungiert das Pankower Rathaus bis heute als Dienstsitz des Bezirksbürgermeisters. Erwähnenswert ist außerdem das berühmte, seit 1979 bestehende Trauzimmer im Erdgeschoss mit repräsentativem Kronleuchter, zahlreichen Stuckreliefs und einem Kaminimitat. Das Zimmer wurde im Wesentlichen mit Elementen eines Feuerwehrhauses aus dem Berliner Fischerkiez gestaltet. Die hölzernen Paneele und Deckenverkleidungen hat der Bildhauer Ernst Westpfahl entworfen. Bis heute erfreut sich der Trausaal bei Brautpaaren überaus großer Beliebtheit.

Das Pankower Rathaus

Ebenfalls sehr beliebt war einst der Ratskeller. Im Jahr 1907 als Gaststätte eröffnet, haben unzählige Pankower bis 1990 in dem rustikalen und urgemütlichen Gewölbe kulinarische Köstlichkeiten genossen und Familienfeste gefeiert. Leider ist der Ratskeller seit Jahrzehnten geschlossen und eine Neueröffnung wohl nicht in Sicht – angeblich wegen der immensen Sanierungskosten.

Was längst nicht jeder Pankower weiß: Im Rathaus gab es früher einen Kommandobunker. Errichtet in den Kriegsjahren 1942/43 als Leitstand der Zentralen Verteidigungsstelle Pankow, war die Anlage sogar durch eine heute dauerhaft verschlossene und mit einem Betonblock verkleidete Tür von der Breiten Straße zu betreten. Die aus Stahlbeton bestehende Decke des Bunkers existierte noch bis 2001 und wurde dann im Zuge von Umgestaltungsarbeiten entfernt. Wo einst die Deutsche Wehrmacht, die Berliner Polizei und andere militärische Einheiten saßen, befindet sich in unseren Tagen ein Teil des Wartebereichs des Bürgeramts sowie ein Triebwerksraum für den Personenaufzug.

Und noch mehr Besonderheiten hat das Pankower Rathaus zu bieten, denn neben den Amtsräumen der Verwaltung gab es hier sogar ein Polizeirevier mit Zellentrakt. Als das Rathaus nach 1945 von den russischen Besatzern als Kommandantur genutzt wurde, waren in diesen Zellen eine Zeit lang der Kommandant des Konzentrationslagers Sachsenhausen Anton Kaindl und Angehörige seines einstigen Stabes inhaftiert. Im Oktober/November 1947 wurde Kaindl beim ebenfalls im Pankower Rathaus stattfindenden sogenannten Sachsenhausen-Prozess (von den Sowjets als „Berliner Prozess" bezeichnet) zu lebenslanger Haft mit der Pflicht zur Zwangsarbeit verurteilt. Die Kommandantur verließ das Rathaus Ende 1949, woraufhin das gesamte Gebäude ab 18. Januar 1950 wieder von der Bezirksverwaltung genutzt werden konnte.

Wir verlassen nun diesen historischen Ort, halten uns nach links und überqueren die Wollankstraße. Sodann biegen wir in die Wilhelm-Kuhr-Straße ein, an deren Ende uns ein weiteres bekanntes Wahrzeichen Pankows empfängt, das Portal des Bürgerparks.

Eingang zum Bürgerpark

Wer das im Stile der italienischen Neorenaissance gestaltete und mit verschiedenen Skulpturen verzierte Eingangsportal des Pankower Bürgerparks durchschreitet, befindet sich urplötzlich in einer ganz neuen, anderen, ruhigeren Umgebung. Es scheint nicht bloß die Veränderung der Bodenfläche und die üppige Bepflanzung beiderseits des Hauptweges zu sein, die diese Empfindung im Besucher auslöst. Vielmehr kommt es einem so vor, als sei hier die Zeit stehengeblieben und man würde sich schlagartig inmitten einer vollkommen stresslosen, friedlichen, guten Welt wiederfinden. Dem Bürgerpark wohnt – gerade, wenn er von dieser Seite aus betreten wird – tatsächlich ein ganz besonderer Zauber inne.

Um 1856 erwarb der Gründer der Berliner Börsenzeitung, Hermann Killisch von Horn, das Gelände nebst Gebäuden und ließ bis 1871 eine Parklandschaft im englischen Stil anlegen. 1865 erfolgte dabei auch die Errichtung eines repräsentativen Parkeingangsbereichs. Nachdem Killisch von Horn die Flächen wieder aufgab, übernahm die Gemeinde Pankow – namentlich dessen damaliger Bürgermeister Wilhelm Kuhr – das Gesamtensemble. Im Jahr 1907 wurde schließlich der Bürgerpark offiziell eröffnet.

Eingangsportal zum Bürgerpark

Hatte der Park zwischen 1919 und 1939 seine wohl bislang besten Jahre gesehen und die Pankower mit besonderen Schmuckbeeten, botanischen Highlights und schön angelegten Spazierwegen erfreut, kam es während des Zweiten Weltkriegs zu erheblichen Zerstörungen innerhalb der Anlagen. Ab Mitte der 1960er Jahre wurde dann eine umfassende Sanierung angestrebt und das Park-Ensemble zum Teil komplett neugestaltet. Verantwortlich für die Planung war seinerzeit der Direktor des einstigen Volkseigenen Betriebes „Stadtgrün" Dr. Wolfgang Zipperling. Es erfolgte die Schaffung eines abwechslungsreichen Baumbestandes mit einem Gemisch aus Kiefern und

Buchen, aber auch mit Trompetenbäumen und sogar mit einem Mammutbaum und einer Amerikanischen Schwarznuss. Nahe der Leonhard-Frank-Straße wurden zudem ein Tiergehege mit Ziegen sowie ein Spielplatz errichtet.

Heinrich-Mann-Büste an der Parkbücherei

Interessant ist auch die 1954 aufgestellte, aus Granit bestehende Heinrich-Mann-Büste rechts neben der Parkbücherei. Geschaffen hat sie Gustav Seitz (1906 bis 1969). Der Zeichner und Bildhauer wurde 1949 mit dem Nationalpreis der DDR III. Klasse für die Schaffung des Mahnmals für die Opfer des Faschismus in Weißwasser/Oberlausitz ausgezeichnet.

Heinrich-Mann-Büste von Gustav Seitz

Die Entgegennahme dieses Preises und seine Mitwirkung an der Ostberliner Akademie der Künste führte dazu, dass Seitz von der Lehrtätigkeit an der Hochschule für bildende Künste in Berlin-Charlottenburg sowie an der TU Berlin suspendiert und mit einem Hausverbot belegt wurde. Im Jahr 1950 verlegte der Künstler seinen Wohnsitz vorübergehend nach Ostberlin, wo auch die Heinrich-Mann-Skulptur entstand, bevor es ihn nach Hamburg zog.

Rosengarten mit Musikpavillon

Vor allem im Frühling und Sommer wunderschön anzusehen ist der Bereich des Rosengartens. Ursprünglich angelegt in den 1950er Jahren, wurde das ebenso üppig wie liebevoll be-pflanzte Areal immer wieder neu gestaltet und verändert.

Musikpavillon im Rosengarten

Waren es einst vor allem die Wasserspiele, die hier die Aufmerksamkeit großer und kleiner Besucher auf sich zogen, laden in unseren Tagen verschiedene Bänke und andere Sitzmöglichkeiten zum Verweilen in grüner Umgebung ein. Ab und
an finden hier zudem auch musikalische Veranstaltungen statt,
bei denen der hübsche Pavillon nicht nur in akustischer Hinsicht seine Stärken ausspielt. Abgesehen davon lässt sich im
nahegelegenen Café während der Öffnungszeiten ein leckerer
Imbiss zu sich nehmen oder ein Stück Torte genießen.

Julius-Fučík-Denkmal

Vom Rosengarten kommend halten wir uns nun nach Osten,
überqueren linker Hand die nächste Brücke über die Panke und
wenden uns dann nach rechts auf das Julius-Fučík-Denkmal
zu. Das aus fünf hohen Stelen bestehende Kunstwerk des Pra-
ger Bildhauers Zdeněk Němeček mit dem Bildnis des im Jahr
1943 ermordeten tschechischen Schriftstellers und Journalis-
ten Julius Fučík war ein Geschenk des damaligen tschechoslo-
wakischen Jugendverbandes Socialistický Svaz Mládeže (SSM),
an Ostberlin aus Anlass der X. Weltfestspiele der Jugend und
Studenten 1973. Die Einweihung des Denkmals fand im Beisein
der Witwe Fučíks, von rund 1 500 Bürgern und verschiedenen
Politgrößen wie auch dem späteren Staatsratsvorsitzenden der
DDR, Egon Krenz, am 8. Mai 1974 statt, dem 29. Jahrestag des
Endes des Zweiten Weltkriegs.

Julius-Fučík-Denkmal

Setzen wir unseren Weg fort, erreichen wir schon bald hinter dem Denkmal die Kreuzung Heinrich-Mann-Straße/Schönholzer Straße. Wir halten uns nach rechts und überqueren an der Ampel die Straße. Sodann schwenken wir nach links in die Parkstraße ein, die uns geradewegs und direkt zum Schlosspark führt.

Der Schlosspark Schönhausen war in seiner Gesamtheit keineswegs schon immer eine öffentlich zugängliche Grünanlage. Schon Anfang des 18. Jahrhunderts als echter Schloss-Park an der Residenz der damaligen Königin Elisabeth Christine angelegt und zwischen 1827 und 1829 vom Hofgärtner Peter Joseph Lenné umgestaltet, kamen damals nur wenige „Normalsterbliche" in den Genuss, das Gelände betreten zu dürfen. Selbst zu DDR-Zeiten war der Schlosspark zweigeteilt – in einen öffentlichen und einen nichtöffentlichen Bereich. Während vor allem die Flächen östlich der Ossietzkystraße und nordwestlich der Galenusstraße (am Pankower Freibad) von jedermann aufgesucht werden konnten, gab es rund um das Schloss eine „Bannmeile". Eigentlich verständlich, denn kurz nach der Gründung des ersten Arbeiter- und Bauernstaates auf deutschem Boden bezog der damalige Präsident der DDR, Wilhelm Pieck, das Schloss Schönhausen und nutze es als Amtssitz. Ein acht Hektar großer Bereich wurde in diesem Zusammenhang mit einer massiven Steinmauer vom Rest des Parks abgetrennt und separat gestaltet. Diese Aufgabe übernahm Stadtgartendirektor Reinhold Julius Paul Lingner. Er nutzte für sein gartenarchitektonisches Kunstwerk von niedrigen Umfassungen eingerahmte Blumenbeete, flache Wasserbecken sowie Pfeiler und Säulengänge.

Der besondere Sektor des Schlossparks blieb bis zum Ende der DDR weitgehend unverändert. Nach dem Auszug von Wilhelm Pieck diente das Schloss als Gästehaus der Regierung und beherbergte zahlreiche ausländische Staatsoberhäupter wie beispielsweise den Staatspräsidenten Kubas, Fidel Castro, aber auch die sowjetischen Generalsekretäre Leonid Iljitsch Breshnew und Michail Gorbatschow. Später tagte dann im Schloss Schönhausen ab Anfang Dezember 1989 der „Zentrale Runde Tisch" und am 22. Juni 1990 starteten hier die Zwei-plus-Vier-Verhandlungen, welche den Weg zur deutschen Wiedervereinigung ebnen sollten.

Im Schlosspark Schönhausen

Heute ist der gesamte Park als bedeutendes Gartendenkmal frei zugänglich und das Schloss dient als Museum seit 2009 vor allem kulturellen Zwecken. Auf den elegant geschwungenen Spazierwegen entlang der Panke lässt sich die Natur zu jeder Jahreszeit auf romantische Weise erleben und der wunderschöne Baumbestand bestaunen, der zum großen Teil aus gewaltigen Eichen, Kastanien und Akazien besteht.

Die letzte Etappe unserer heutigen Tour führt uns in östliche Richtung vorbei an der Kleingartenanlage „Pankeglück" und dem sogenannten Eisenbahnspielplatz sowie über eine hölzerne Pankebrücke zur Straße Am Schlosspark, die in ihrer Fortsetzung den Namen Galenusstraße trägt. Dieser folgen wir bis zu ihrem Ende gegenüber der neuen Pankower Feuerwache (siehe Tour 1) und erkennen dann schon rechter Hand den S-Bahnhof Pankow-Heinersdorf, der das Ziel unseres heutigen Ausflugs darstellen soll.

⊙ Start S-Bahnhof Pankow, Ausgang Florastraße

↤ auf Florastraße

↦ auf Neue Schönholzer Straße

↤ über Wollankstraße auf Wilhelm-Kuhr-Straße

↖ leicht links zur Parkbücherei

↦ zum Rosengarten

↦ an der Panke entlang

↤ über Pankebrücke

↦ zum Julius-Fučík-Denkmal

↦ auf Heinrich-Mann-Straße / Schönholzer Straße

↤ Straße überqueren und auf Parkstraße

↑ Parkstraße folgen

↖ hinter Ossietzkystraße leicht links in den Schlosspark

↑ Weg am linken Panke-Ufer folgen

↗ am „Eisenbahnspielplatz" leicht rechts auf Straße
   Am Schlosspark

↑ Am Schlosspark / Galenusstraße folgen

↦ auf Pasewalker Straße

↻ Ziel S-Bahnhof Pankow-Heinersdorf

Tour 3

Tour 3: Entlang der Schönhauser Allee bis zum Mauerpark

Die Tour im Überblick

Start:	S-Bahnhof Pankow
Ziel:	U-Bahnhof Vinetastraße
Gesamtstrecke:	ca. 6 km
Fahrzeit (Rad/Roller):	etwa 1 ½ Stunden
Fußweg:	etwa 3 Stunden
Besonderheiten:	mehrere ehemalige Kinos
Picknickmöglichkeiten:	Falkplatz
	Mauerpark

Diese Route mit dem Smartphone aufrufen:

Die verlinkten Kartendaten sind verfügbar gemäß Open Database License © OpenStreetMap-Mitwirkende – Keine Gewähr für permanente Verfügbarkeit.

Tour 3 – Entlang der Schönhauser Allee bis zum Mauerpark

Auf dieser Tour verlassen wir den Kernbereich Pankows in südlicher Richtung und nehmen Kurs auf den ehemaligen Stadtbezirk Prenzlauer Berg, der seit der am 1. Januar 2001 in Kraft getretenen Verwaltungsreform zu Pankow gehört. Zunächst werden wir dabei dem Verlauf der U-Bahnlinie 2 bis hinter die Station Schönhauser Allee folgen und uns dann nach Westen wenden, direkt auf den Mauerpark zu. Unterwegs werden wir eine Reihe interessanter Punkte erreichen, die viel mit dem Verkehrsgeschehen und mit den zahlreichen Kinos zu tun haben, die es hier einmal gegeben hat. Direkt am Mauerpark ist dann – natürlich nur bei entsprechendem Wetter – eine gute Gelegenheit zum Picknicken oder einfach nur für eine etwas längere Pause. Sodann geht es entlang des ehemaligen Todesstreifens zurück nach Pankow, wo wir am U-Bahnhof Vinetastraße unseren Ausflug beenden wollen.

Start: S-Bahnhof Pankow an der Berliner Straße

Unsere Tour zum Mauerpark und zurück starten wir am östlichen Ausgang des S-Bahnhofs Pankow, direkt an der Berliner Straße. Wir halten uns gleich nach rechts und nehmen die „Steigung" hinauf in Richtung Binz- und Masurenstraße. Nach gut 200 Metern Wegstrecke erreichen wir einen Supermarkt mit gelb-blau-rotem Logo. Er befindet sich an genau der Stelle, wo einst das berühmte Kino „Tivoli" seine Türen für große und kleine Pankower Filmfreunde öffnete.

Vom einstigen Lichtspieltheater ist heute nichts mehr übriggeblieben. Schade, denn das „Tivoli" war ein historischer Ort. Hier stellen die Brüder Emil und Max Skladanowsky im November 1895 zum allerersten Mal ihr „Bioskop" vor, einen Projektor, der sich bewegende Bilder an eine Leinwand bringen konnte. Im Ballsaal des damaligen Ausfluglokals „Feldschlösschen" führten die Skladanowskys einen Film vor, der neben den sportlichen Übungen von Turnern auch einen italienischen Tanz zeigte – damals ein absolutes Novum und quasi die Geburtsstunde des Kinos.

Schriftzug vor dem ehemaligen „Tivoli"

Während der DDR-Zeit gehörte das „Tivoli" zweifelsohne zu den beliebtesten Filmtheatern Ostberlins. Hier wurden regelmäßig internationale Produktionen gezeigt; das Interesse von Zuschauern jeden Alters war – nicht zuletzt dank der geringen Eintrittspreise – riesig. Später, Mitte der 1990er Jahre, hatte eine Wilmersdorfer Geschäftsfrau den ehrgeizigen Plan, das alte Kino durch ein Cinema-Center mit bis zu 800 Plätzen zu ersetzen. Der Plan scheiterte, der Neubau kam nie zustande. Schnell wurden die begonnenen Bauarbeiten gestoppt und das einst so geschätzte „Tivoli" später schließlich abgerissen – es verschwand für immer. Heute erinnert nur noch ein in das Straßenpflaster eingelassener Schriftzug an 100 Jahre Lichtspielgeschichte, die sich an diesem Ort zugetragen haben.

Heinz-Knobloch-Platz

Die ausgedehnte Grünfläche, auf die wir nach dem Überqueren der Masurenstraße treffen und die sich südlich bis zur Samländischen Straße und westlich bis zur Mühlenstraße erstreckt, wurde Mitte der 1960er Jahre parkähnlich angelegt.

Heinz-Knobloch-Platz

Auch den hübschen Spielplatz gibt es hier seit Jahrzehnten. Seit dem 3. März 2005 trägt der Park den Namen des bis 2003 in einem der das Areal umgrenzenden Wohnhäuser lebenden beliebten Schriftstellers und Feuilletonisten Heinz Knobloch und heißt heute somit „Heinz-Knobloch-Platz".

Alter Busbahnhof Pankow (Vinetastraße)

Auf der gegenüberliegenden Seite der Berliner Straße kommt nun ebenfalls ein Supermarkt nebst Kundenparkplatz in den Blick. An dieser Stelle befand sich einst der „Busbahnhof Pankow (Vinetastraße)" – so der damalige Name. Errichtet wurde die Fläche mit mehreren Abstellzonen und einem kleinen Aufenthaltsgebäude („Dispatcherbüro") Ende der 1960er, Anfang der 1970er Jahre. Nach der Wende verlor der Busbahnhof wegen veränderter Linienführungen zunehmend an Bedeutung und wurde Mitte der 1990er Jahre schließlich außer Betrieb genommen. Die Anfang 2001 noch in Rede stehende Schaffung einer neuen Straßenbahnwendeschleife an dieser Stelle kam über die Ideenphase nie hinaus und so wurde irgendwann eben der heute hier zu findende Discounter gebaut.

Für all jene, die an Verkehrsgeschichte interessiert sind, kommt hier noch eine Übersicht über die Buslinien, die in den 1980er Jahren vom Busbahnhof Pankow (Vinetastraße) starteten bzw. dort endeten:

Linie 7: Nach Glienicke (Nordbahn) über Schildow
Linie 7E: Nach Schildow über Blankenfelde
Linie 50: Nach Niederschönhausen (Rolandstraße)
Linie 52: Nach Pankow, Achtermannstraße
Linie 58: Nach Wilhelmsruh, Fontanestraße
△-Linie: Nach Zühlsdorf (Sa. u. So von Apr. bis Sept.)

Außerdem hielt auf der Berliner Straße hier noch die Linie 55, die zwischen Weißensee, Piesporter Straße und Wilhelmsruh, Fontanestraße verkehrte.

Ambulatorium / Berliner Stadtmission

An der Ecke Berliner Straße/Maximilianstraße befand sich früher ein Ärztezentrum, welches als Stadtambulatorium Pankow (oder einfach nur als „Ambulatorium") weithin bekannt war. In dem heute durch einen Neubau mit Wohnungen ersetzten Gebäude praktizierten mehrere Fachärzte. Zudem befand sich hier ein zentrales Labor, welches die Blutentnahme für viele Pankower Hausärzte übernahm.

Links neben dem ehemaligen Ambulatorium befindet sich das Pankower Gemeindezentrum der Berliner Stadtmission. Das heutige „Haus der Begegnung" war Anfang des 20. Jahrhunderts mal eine Berliner Kneipe. Nachdem der Wirt zum lebendigen Glauben an Jesus Christus gekommen war, hatte er die Räume 1925 für die Arbeit der Berliner Stadtmission zur Verfügung gestellt. Unter dem Bibelwort aus dem Buch des Propheten Jeremia Kapitel 29 Vers 7 „Suchet der Stadt Bestes und betet für sie zum HERRN" engagiert sich die Gemeinde bis heute für ein lebenswertes Berlin und natürlich für die Verkündigung des Evangeliums.

Elsa-Brändström-Straße

Die heutige Elsa-Brändström-Straße (von manchen Pankowern „Brandströmstraße" genannt) die nun auf der gegenüberliegenden Seite einmündet, trägt diesen Namen schon seit dem 27. März 1936. Elsa Brändström war eine Frau, sie sich während des Ersten Weltkriegs für deutsche und österreichische Kriegsgefangene in den russischen Gefangenenlagern einsetzte. Um diese selbstlose Leistung zu würdigen, erfolgte die Benennung der zuvor „Lindenpromenade" heißenden Straße zum 48. Geburtstag Elsa Brändströms. Eine im Jahr 1952 vorgeschlagene Rückbenennung in Lindenpromenade kam nie zustande.

Noch bis Mitte der 1930er Jahre endeten in der damaligen Lindenpromade zwei Straßenbahnlinien: die 44 nach Groß-Lichterfelde, Händelplatz sowie die 48 zum Bahnhof Neukölln (so laut Linienübersicht von 1922). Der heutige Parkplatz zwischen den beiden Richtungsfahrbahnen der Elsa-Brändström-Straße lässt den Bereich der einstigen Straßenbahngleise noch erahnen.

Übrigens: Sehr beliebt bei den Pankowern war früher das „Sporthaus Lok", ein Fachgeschäft auch für Campingzubehör. Es befand sich in der Berliner Straße, direkt an der Ecke zur

Elsa-Brändström-Straße. Die riesige Leuchtreklame des Sporthauses an der Fassade war damals legendär. Heute öffnet an der Stelle des früheren Ladeneingangs in den Sommermonaten regelmäßig eine Eisdiele ihre Pforten.

Einstiger Olympia-Pavillon

Inzwischen haben wir den U-Bahnhof Vinetastraße erreicht. Seiner Geschichte und Bedeutung wenden wir uns aber erst am Schluss der heutigen Tour zu, denn sie wird genau hier auch wieder enden.

Nehmen wir jetzt aber an dieser Stelle ein anderes interessantes Objekt in den Blick: den einstigen Olympia-Pavillon. Dabei handelt es sich um das kleine, architektonisch ansprechend gestaltete Gebäude auf dem kleinen Gehweg-Dreieck zwischen Berliner Straße, Tiroler Straße und Mühlenstraße. Ursprünglich als Haltestellen-Wartehäuschen mit Fahrscheinverkaufsbüro um 1915 errichtet, kam dem im neobarocken Stil und mit einem Klinkersockel versehenen Objekt während der 1936 in Berlin stattfindenden Olympischen Spiele eine bedeutsame Aufgabe zu. Als „Auskunftstelle des Olympia Verkehrs- und Quartieramts Pankow" wurden hier Informationsmaterialien an Sportbegeisterte ausgegeben und Fragen von Gästen beantwortet. Dass das Häuschen ausgerechnet an dieser Stelle erbaut wurde, hängt im Übrigen mit der damaligen Bedeutung des Bereichs um die Berliner Straße und Mühlenstraße für den städtischen Personennahverkehr zusammen. Hier begannen, endeten und verliefen mehrere (Pferde-)Straßenbahn- und

Buslinien; ab 1930 kam noch die U-Bahn dazu. Leider verkam das einst schöne Gebäude nach dem Ende des Zweiten Weltkriegs zunehmend und wurde in der Tiefphase seiner Geschichte sogar als öffentliche Bedürfnisanstalt genutzt. Heute befindet sich im Häuschen (wenigstens) ein Imbiss.

Der ehemalige „Olympia-Pavillon"

Tanzlokal Esplanade / „Odeum"

Nachdem wir die breite Mühlenstraße, die als Bundesstraße 96a auch überregional von Bedeutung ist, überquert haben, bewegen wir uns entlang einer Häuserzeile, die aus Alt- und Neubauten besteht. Hier befand sich früher ein weiteres Kino, das Filmtheater „Odeum". Älteren Pankowern war es vor

allem als Tanzlokal „Esplanade" (benannt nach der angrenzenden Straße) bekannt. Nach schweren Beschädigungen im Jahr
1945 wurde das Gebäude in der frühen Nachkriegszeit saniert
und in einem besonderen Baustil mit großen Glasfenstern versehen. Bedauerlicherweise erfolgte nach der Jahrtausend-
wende der Abriss zugunsten eines Wohnungsneubaus.

Weil wir aber gerade beim Thema Tanzlokal sind: Rund um die
Berliner Straße gab es früher jede Menge Restaurants, Cafés
und Lokale, von denen heute viele verschwunden sind. Exemplarisch soll hier nur an den „Goldbroiler" (Mühlenstraße, am U-
Bahnhof Vinetastraße), die „Taverne" (Trelleborger Straße 13)
und das legendäre Café Binz (Binzstraße Ecke Berliner Straße)
erinnert werden. Sehr bekannt und beliebt war auch das Lokal
„Zum Schultheiß Spezialausschank" mit Biergarten an der alten
Weißbierbrauerei von Emil Willner zwischen Thulestraße und
Trelleborger Straße. 1971 gab es hier einen halben Liter Pils
für 91 Pfennig, Berliner Bratwurst mit Sauerkraut und Kartoffeln für 1,75 Mark und einen Schweinebraten mit Gemüse und
Kartoffeln für 2,65 Mark. An gleicher Stelle des alten „Schultheiß Spezialausschank" befindet sich auch heute noch ein Res-
taurant, allerdings ist das auffällige begehbare Fass, welches
vor allem Kinder zu begeistern vermochte, längst vom Gelände
verschwunden.

S- und U-Bahnhof Schönhauser Allee

Hinter dem ehemaligen Tanzlokal Esplanade passieren wir auf
unserem Weg zum Mauerpark jetzt die alte Stadtbezirksgrenze

zwischen Pankow und Prenzlauer Berg; die Atmosphäre wird rasch deutlich großstädtischer, was sicher auch an der nunmehr in der Mitte der Straße aus dem Boden kommenden Hochbahn liegt.

Wir folgen dem von den Berlinern wegen der vor Regen schützenden Überdachung auch schmunzelnd als „Magistratsschirm" bezeichneten Trasse vorbei an der Kreuzung Wisbyer-/Bornholmer Straße und erreichen bald den S- und U-Bahnhof Schönhauser Allee. Die Station trug bis 1936 den Namen „Nordring"; seit 27. Juli 1913 verkehrte bis hierher die U-Bahn-Linie A, die erst seit 1930 bis zur Vinetastraße und seit 16. September 2000 bis zum S-Bahnhof Pankow führt. Bis heute ist die Station Schönhauser Allee ein wichtiger Umsteigepunkt für viele Pendler im Norden Berlins. Entsprechend „quirlig" geht es hier tagsüber auch zu.

U-Bahnhof Schönhauser Allee

Wir setzen nun unseren Weg beziehungsweise unsere Fahrt auf der stadteinwärts führenden Straßenseite der Schönhauser Allee fort und erreichen bald die Einmündung der Gleimstraße.

Filmtheater „Colosseum"

Gestatten Sie mir, liebe Leserin, lieber Leser, liebe Spazier- und Rad- oder Roller-Freunde, schon wieder über ein Kino zu sprechen? Es muss einfach sein, denn wir stehen hier an dieser Ecke nämlich direkt am alten Colosseum, dem einst wohl größten Filmtheater der Gegend. Eröffnet im Jahr 1924 mit 1 200 Plätzen auf dem Gelände und in den Gebäuden einer 1894 von der Großen Berliner Pferde-Eisenbahn AG errichteten 77 Meter langen, später noch als Omnibusdepot genutzten Wagenhalle nebst Schmiede und Ställen für bis zu 360 Pferde, war das Kino zunächst eine Mischung aus Filmtheater und Varieté. Weihnachten 1930 übernahm dann die Babelsberger Filmgesellschaft UFA das Haus. Neben seiner eigentlichen Nutzung als Kino sind ab dieser Zeit hier das Arbeitsamt Berlin Nord-Ost sowie eine Kindertagesstätte untergebracht. Das im Krieg unversehrt gebliebene Gebäude wurde dann 1945 kurzzeitig als Lazarett verwendet und später als Tagungsort der 1. KPD-Funktionärskonferenz in Prenzlauer Berg gebraucht. Anfang Mai 1957 wurde das Colosseum schließlich nach einem Umbau zum allerersten „Totalvisionskino" der DDR – es konnten dank einer speziellen Projektionstechnik also Breitwandfilme vorgeführt werden. Außerdem gilt das Filmtheater als Premierenkino für Kinderfilme. Nach der Wende erwarb der bekannte Artur Brauner das Grundstück und Mitte 1996 beginnt die Sanierung und Neugestaltung zu einem großen Filmpalast namens „Cinemaxx Colosseum". Aufgrund einer Insolvenz der Betreiber wurde das Kino 2020 zunächst geschlossen. Ob und welche Zukunft es langfristig haben wird, muss sich zeigen.

Das Filmtheater Colosseum im Sommer 2023

Wir biegen nun hinter dem Colosseum in die 1902 nach dem deutschen Dichter Johann Wilhelm Ludwig Gleim benannte Gleimstraße ein und folgen dieser mit typischen Berliner Mietshäusern bebauten Straße für gut 600 Meter. Linker Hand tut sich dann der Falkplatz vor uns auf, eine ausgedehnte Grünanlage, die schon 1907 angelegt wurde und auf eine wechselvolle Geschichte zurückblickt. Nach ersten Planungen für die Schaffung einer unbebauten Erholungsfläche an diesem Ort in der Mitte des 19. Jahrhunderts erließ die Stadtverordnetenversammlung am 25. Oktober 1906 den Auftrag zur „Herstellung von Gartenanlagen" auf dem im Januar des gleichen Jahres nach dem preußischen Juristen und Kultusministers Adalbert Falk benannten Platz, wozu auch ein 6 000 Quadratmeter großer Spielplatz mit Rasenfläche gehören sollte. Nach einer Bauzeit von fast drei Jahren wurde der Falkplatz schließlich seiner Bestimmung übergeben.

In den 1950er Jahren erfolgte die Anpflanzung zusätzlicher Blumen und die Erweiterung des Spielplatzes, der sogar ein großes Planschbecken bekam. Außerdem wurde an der Ostseite des Platzes eine Rollschuhbahn angelegt. Im Zusammenhang mit dem Mauerbau im August 1961 kam es zur Abholzung zahlreicher Bäume auf der westlichen Seite des Platzes, die den hier errichteten Grenzbefestigungsanlagen weichen mussten. Im Wendejahr 1989 nahmen die Baulichkeiten der Staatsgrenze rund ein Viertel der gesamten Fläche des Falkplatzes ein.

Nach der Wiedervereinigung der Stadt kam es zu einer Neubelebung des Falkplatzes. So wurden unter anderem weitere Bäume gepflanzt, der Spielplatz neu gestaltet und das Planschbecken gegen einen Brunnen mit der Tierplastik „Walrosse" des Bildhauers Stefan Horota ersetzt. Die Wasserspiele des Brunnens funktionieren mit einer Solaranlage und werden aus dem Regenwasserabfluss der benachbarten Max-Schmeling-Halle gespeist.

Tierplastik „Walrosse"

Haben wir den Falkplatz durchschritten oder – behutsam! – durchfahren, sind wir am Mauerpark angekommen. Das einstige Grenzgebiet zwischen dem französischen und dem sowjetischen Sektor gilt als ein Symbol für die Überwindung der Teilung Berlins. Aufgrund der hier zu findenden großen Auswahl an Möglichkeiten zum Entspannen, Picknicken und für Aktivitäten im Freien ist diese grüne Oase inmitten der Stadt bei Einheimischen wie Touristen beliebt. Außerdem zieht der hier an Sonntagen stattfindende Flohmarkt viele Besucher an, die auf der Suche nach Antiquitäten, Vintage-Artikeln, Kunsthandwerk und vielen anderen Raritäten sind.

Mauerpark

Bereits im Jahr 1990 wurden die ersten Überlegungen angestellt, den nun brachliegenden Raum der abgerissenen Grenzbefestigungsanlagen sinnvoll zu gestalten. Sowohl Anwohner
als auch zahlreiche Künstler gaben sich Mühe, das Areal zu einem Ort der Begegnung und der Erholung zu machen. Auch
wurden im Laufe der Zeit immer wieder Konzerte und andere
Veranstaltungen organisiert und durchgeführt, sodass der Park
rasch an Beliebtheit gewann und schließlich zu dem wurde,
was er heute ist.

Rückweg entlang des ehemaligen Todesstreifens

Für den Rückweg bis zu unserem heutigen Ziel, dem U-Bahnhof Vinetastraße, nehmen wir die sowohl zu Fuß benutzbare
als auch mit Rad oder Roller befahrbare Trasse entlang des
ehemaligen Todesstreifens. Sie ist in regelmäßigen Abständen
mit entsprechenden Schildern als „Mauerweg" gekennzeichnet.

In nördlicher Richtung folgen wir der Schwedter Straße, die im Bereich der imposanten Eisenbahnüberquerung den Namen „Schwedter Steg" trägt.

Schwedter Steg

An der Behmstraßenbrücke halten wir uns – ohne sie zu überqueren – rechts und nehmen die für Fahrräder, Kinderwagen, Roller und Rollstühle geschaffene Rampe, um auf die andere Seite und wieder auf das Schienenniveau zu gelangen. Sodann setzen wir unsere Tour entlang der Norwegerstraße, unter der geschichtsträchtigen Bornholmer Brücke hindurch und rechts zur Dolomitenstraße fort. Schließlich biegen wir noch einmal nach rechts auf die einmündende Tiroler Straße ab, der wir – unterwegs noch den beliebten Pankower Rodelplatz „Brennerberg" (einem alten Trümmerberg) passierend – bis zu ihrem Ende am U-Bahnhof Vinetastraße folgen.

Der U-Bahnhof Vinetastraße wurde am 29. Juni 1930 in Betrieb genommen. Bis September 2000 endete hier die Linie 2 (ehemals A) aus Richtung Alexanderplatz; hinter dem Bahnhof befand sich nur noch eine große unterirdische Kehranlage, welche nach der Verlängerung der Strecke bis zum S-Bahnhof Pankow und einer damit einhergehenden Veränderung der Gleisführung nicht mehr nutzbar ist.

Eingang zum U-Bahnhof Vinetastraße an der Tiroler Straße

Unter der Straßenoberfläche gibt es am U-Bahnhof Vinetastraße zwei Etagen: Eine auch als Fußgängertunnel nutzbare Fläche, auf der sich früher auch eine Fahrkartenausgabe befand und die eigentliche Bahnhofshalle mit den beiden Richtungsgleisen darunter. Auf dem Bahnsteig befindet sich seit der letzten größeren Sanierung aus Anlass des 750-jährigen Stadtjubiläums von Berlin im Jahr 1987 eine bronzene Statue des 1951 im Vogtland geborenen Malers und Bildhauers Rolf Biebl mit dem Namen „Der Schreitende". Und da wir nun am Ende unserer heutigen Tour angekommen sind, können auch wir nun nach Hause schreiten – oder rollen.

Tafel am Schwedter Steg

Straßen- und Wegeliste zur Tour 3

⭕ Start S-Bahnhof Pankow, Ausgang Berliner Straße

↱ auf Berliner Straße

↑ Berliner Straße folgen

↑ Schönhauser Allee folgen

↱ auf Gleimstraße

↖ durch den Falkplatz

↑ Mauerpark

↰ Nach Norden auf Schwedter Straße

↑ Schwedter Straße folgen

↑ Schwedter Steg folgen

↱ kurz auf Behmbrücke

↱ auf Rampe zum Unterqueren der Brücke

↑ Norwegerstraße folgen

↱ auf Dolomitenstraße

↱ auf Tiroler Straße

⭕ Ziel U-Bahnhof Vinetastraße

Tour 4

Tour 4: Durch den Ortskern von Alt-Pankow

Die Tour im Überblick

Start:	S-Bahnhof Pankow
Ziel:	S-Bahnhof Pankow
Gesamtstrecke:	ca. 4,5 km
Fahrzeit (Rad/Roller):	etwa ¾ Stunde
Fußweg:	etwa 2 ½ Stunden
Besonderheiten:	viele historische Gebäude
Picknickmöglichkeiten:	evtl. Amalienpark

Diese Route mit dem Smartphone aufrufen:

Die Tour mit den möglicherweise größten historischen Informationen ist unsere Route durch den Ortskern von Alt-Pankow. Viele Gebäude, denen wir hier begegnen werden, haben eine sehr wechselvolle Geschichte hinter sich und oft findet sich daher in der Bezeichnung heute der Zusatz „ehemalig".

In Alt-Pankow und der unmittelbaren Umgebung dieses Bereiches gibt es jede Menge sehenswerte Plätze und Objekte und vermutlich würde sich ein ganzer Tag damit verbringen lassen, die Straßen und Wege zu durchlaufen oder zu durchfahren und immer wieder auf interessante Punkte zu treffen. Um jedoch eine angenehme und innerhalb einer überschaubaren Zeit zu bewältigende Route zusammenzustellen, musste eine Vorauswahl getroffen werden. Wir konzentrieren uns daher auf dieser Tour vor allem auf den Bereich nördlich der Breiten Straße.

Start: S-Bahnhof Pankow

An der einen oder anderen Stelle ist zu lesen oder zu hören, dass der S-Bahnhof-Pankow bei seiner Eröffnung im Jahr 1880 den Namen „Pankow-Schönhausen" getragen habe. Dies stimmt aber nicht! Denn zum Zeitpunkt der offiziellen Inbetriebnahme am 15. Oktober 1880 hieß die Station zunächst genau wie heute - Pankow. Erst kurz darauf erfolgte eine Umbenennung in „Pankow-Schönhausen"; als „Pankow" wurde stattdessen die heutige Station „Wollankstraße" bezeichnet. Der

Bahnhofsname „Pankow-Schönhausen" blieb schließlich bis zum 3. Oktober 1954 bestehen, erst danach erfolgte eine Rückumbenennung. Wer heute vor dem Gesamtkomplex des Bahnhofs steht, wird möglicherweise etwas Mühe haben, die historischen Gegebenheiten vor Ort zu rekapitulieren. So befand sich der Zugang zum Bahnsteig und zu einem später bei Bombenangriffen in den 1940er Jahren zerstörten kleinen Bahnhofsgebäude zwischen den beiden bis nach 2000 noch vorhandenen Bahnbrücken an der Berliner Straße. Das auffallende Empfangsgebäude an der Florastraße entstand im Auftrag der Königlichen Eisenbahndirektion und nach Plänen der beiden Architekten Carl Cornelius und Ernst Schwartz erst später, nämlich in der Zeit zwischen 1912 und 1914. Im Zuge der Verlängerung der U-Bahn-Linie 2 von der Vinetastraße bis hierher wurde unter der Erde der neue U-Bahnhof Pankow gebaut, dessen Inbetriebnahme am 16. September 2000 erfolgte.

Wir verlassen den S-Bahnhof Pankow heute durch den alten Haupteingang an der Florastraße, wenden uns nach rechts und überqueren an der Ampelkreuzung die Berliner Straße, auf der wir unmittelbar nach links schwenken.

Ehemaliges Jüdisches Waisenhaus

Schon wenn wir – vom S-Bahnhof Pankow kommend – die Berliner Straße überqueren, fällt unser Blick auf das imposante Eckhaus im neobarocken Stil, welches sich neben der Einmündung der Hadlichstraße befindet. Im Auftrag der Jüdischen Gemeinde Berlin vom Architekten und Baumeister Alexander Beer in den Jahren 1912 – 1913 errichtet, imponiert neben dem hohen Mansarddach vor allem der gewaltige Segmentgiebel über dem Eingangsportal des Hauses. Die im Innern befindlichen Räume umfassten sowohl einen Schulbereich als auch eine eigene Synagoge, dessen beeindruckende, vom damaligen Zigarettenfabrikanten Josef Garbáty gestiftete Felderdecke mit kastenförmigen Vertiefungen nach ihrer Restaurierung noch heute bewundert werden kann.

Ehemaliges Jüdisches Waisenhaus

Seit seiner Eröffnung wurde das Gebäude bis 1940 als Waisenhaus für bis zu 100 Kinder genutzt und dann zunächst geschlossen. Ab 1943 befand sich in dem Objekt die Zentrale Sichtvermerkstelle (Abteilung IV C 1) des Reichssicherheitshauptamtes unter Leitung von Polizeirat Paul Matzke. Nach dem Ende des Zweiten Weltkrieges diente das Gebäude dem Bezirksamt Pankow und (ab 1950) dem Deutschen Sportbund. Von 1952 bis 1967 beherbergte das Haus die polnische und von 1971 bis 1991 die kubanische Botschaft. Heute befindet sich im einstigen Jüdischen Waisenhaus sowohl ein Kulturzentrum (einschließlich Veranstaltungssaal) als auch die öffentliche Janusz-Korczak-Bibliothek.

Ehemaliges Hauptpostamt Pankow

Auf der gegenüberliegenden Straßenseite tut sich das ehemalige Hauptpostamt Pankow auf. Eingeweiht im Jahr 1923, aber erst vollständig fertiggestellt 1925 war die Errichtung dieses nach Plänen des Architekten Carl Schmidt konzipierten Gebäudes eine Reaktion auf die stark gestiegenen Bedürfnisse der Berliner Bevölkerung nach einer funktionierenden Brief- und Paketzustellung. Neben den klassischen Aufgaben mit Schalterdienst und Fernsprechvermittlung barg das Hauptpostamt hier an der Berliner Allee auch eine Rohrpoststation. Über das mehr als 290 Kilometer lange sternförmige Rohrpostnetz wurden in seinen besten Zeiten berlinweit bis zu 40 Millionen Sendungen jährlich befördert. Während das Netz im Westteil der Stadt bereits 1963 außer Betrieb ging, bestand es in Ostberlin noch bis 1976 und wurde auch im Hauptpostamt Pankow lange genutzt.

Ehemaliges Hauptpostamt Pankow, Berliner Straße 12

Nach der Wiedervereinigung Deutschlands ging das Gebäude in den Jahren 1993/1994 in den Besitz der Deutschen Bundespost über und wurde denkmalgerecht saniert. Nach und nach zog sich die später privatwirtschaftlich organisierte Deutsche Post dann aus dem Betrieb des Postamtes zurück und schloss immer mehr Geschäftsbereiche. Nachdem zuletzt allein der Schalterraum noch für den Publikumsverkehr genutzt wurde, erfolgte zum 1. Mai 2016 die offizielle Schließung des einstigen Hauptpostamtes Pankow 1. Seither müssen die Kunden auf die neu eingerichtete Filiale im Rathauscenter ausweichen oder sich mit Online-Angeboten der Deutschen Post begnügen, die sich nun wohl auch von ihrem Namen verabschiedet hat und hinfort als „DHL Group" firmiert.

Setzen wir unseren Weg oder unsere Fahrt in Richtung Breite Straße fort, kommen wir – jetzt wieder auf der rechten Seite befindlich – an der ehemaligen Zigarettenfabrik vorbei. Das ein wenig nach hinten versetzte Gebäude war einst Bestandteil des Firmenkomplexes. Im Jahr 1906 verlegte der Fabrikant Josef Garbáty-Rosenthal den Stammsitz seines 1881 gegründeten Zigarettenunternehmens nach Pankow und ließ hier mehrere Fabrikanlagen errichten. Garbáty-Rosenthal war es ein Anliegen, seinen mehr als 1 500 Beschäftigten gute soziale Bedingungen zu bieten - für die damalige Zeit ein Novum. So richtete der Unternehmer in der Zigarettenfabrik nicht nur eine Kantine und verschiedene Pausenräume ein, sondern sogar Bäder und eine Bibliothek. Zudem gab es einen Werkschor und einen Betriebssportclub.

1938 wurde das zu diesem Zeitpunkt unter dem Namen „Zigarettenfabrik Garbáty KG" firmierende Unternehmen zwangsverkauft. Während seine Familienangehörigen in die USA emigrierten, blieb Josef Garbáty-Rosenthal weiter in der Villa neben dem Firmengelände wohnen. Dort starb er im Juni 1939, kurz vor dem Ausbruch des Zweiten Weltkriegs.

Später, zu DDR-Zeiten wurde in der Zigarettenfabrik weiterproduziert. Nach dem Zusammenschluss des „VEB Garbáty" mit dem „VEB Josetti" im Jahr 1960 firmierte der Betrieb unter der Bezeichnung „VEB Berliner Zigarettenfabrik". Hier in Pankow wurden damals die Marken „Cabinet" und „Club" sowie die filterlose „Karo" produziert. Der Überlieferung zufolge gab es für die Mitarbeiter der Bezifa auch Personalzigaretten, für die

Restbestände der ehemaligen Marke „Carmen Filter" genutzt worden sein sollen. Ob der Tabakgeruch der seinerzeit noch voll produzierenden Zigarettenfabrik einer der Gründe war, dass sich – wie bereits erwähnt – 1971 nebenan die kubanische Botschaft (mit möglicherweise einigen Zigarrenfreunden) niedergelassen hat, ist nicht überliefert.

Apropos Geruch: Alte Pankower werden sich kurz vor der großen Kreuzung (hier meist „Pankow Kirche" genannt) möglicherweise noch an die Würstchenbude auf der rechten Seite der Berliner Straße erinnern. Es gab sie noch bis in die 1990er Jahre und sie war insbesondere für hier auf Bus oder Straßenbahn wartende Fahrgäste eine gute Möglichkeit zum schnellen Imbiss.

Das auf der linken Seite grüßende imposante Gotteshaus mit seinen zwei schlanken hohen Türmen ist die evangelische Kirche „Zu den vier Evangelisten", der einstigen Dorfkirche Pankow.

Die architektonische Besonderheit dieses Gebäudes ist die Vereinigung der ursprünglich rechteckigen Feldsteinkirche aus dem 15. Jahrhundert und des nach Westen ausgerichteten dreischiffigen Erweiterungsbaus aus Backstein von 1857 bis 1859.

Kirche „Zu den vier Evangelisten"

Die Fenster der alten Dorfkirche wurden im Zuge der Erweiterung neugotisch gestaltet; lediglich ein Fenster und der Ziergiebel an der Ostseite blieben im ursprünglichen Zustand. Auch die seitlich positionierten achteckigen Glockentürme wurden beim Umbau der Kirche Mitte des 19. Jahrhunderts errichtet. Zugleich wurde eine Orgel von Carl August Buchholz mit 14 Registern eingebaut und die Kirche wurde umbenannt in „Zu den Vier Evangelisten". Die alte Orgel ist heute nicht mehr vorhanden. Sie wurde zunächst 1928 durch die Firma W. Sauer

(Frankfurt an der Oder) umfangreich umgebaut und sodann am 2. Adventssonntag des Jahres 1972 durch ein Exemplar der Dresdner Firma Jehmlich ersetzt. Seit 2021 steht an ihrer Stelle eine rein mechanische Wegscheider-Orgel mit 27 Registern, die sich in ihrer Gestaltung an der alten Buchholz-Orgel orientiert.

Aufgrund von Kriegsschäden mussten die beiden Türme 1945 bis zum Traufgesims abgetragen werden und waren erst acht Jahre später in ihrer einstigen Form wiederhergestellt. Die beiden Glasfenster „Vier Evangelisten" an der Ostseite stammen von 1959 und wurden von der später nach Westberlin übergesiedelten Pankower Malerin und Grafikerin Inge Pape geschaffen. Seit 1977 gilt die Kirche offiziell als Denkmal.

Caritas-Klinik „Maria Heimsuchung"

Wir lassen die Kirche nun auf der linken Seite zurück, wenden uns auf der Breiten Straße nach Osten und erreichen nach gut 200 Metern die Caritas-Klinik „Maria Heimsuchung". Das heutige Krankenhaus wurde 1928 zunächst als Entbindungsanstalt eröffnet und hat sich mit seiner Geburtsabteilung im Lauf der Jahre einen über die Grenzen Pankows bekannten Namen gemacht. Auch manch Prominenter wie der frühere Regierende Bürgermeister von Berlin, Eberhard Diepgen erblickte hier das Licht der Welt.

Caritas-Klinik „Maria Heimsuchung"

Später blieb „Maria Heimsuchung" nicht mehr nur eine Entbindungsanstalt. Die Erweiterung der Klinik begann 1985 mit einem neuen Bettenhaus und einem Funktionsgebäude. Nach der Zusammenlegung mit dem Krankenhaus Pankow in der Galenusstraße und der Einweihung und Inbetriebnahme eines weiteren Bettenhauses gab es seit 1994 hier auch Stationen für Innere Medizin, Chirurgie und Radiologie. Später kamen ein Labor, eine Intensivstation, OP-Bereich und Rettungsstelle sowie Fachbereiche für Kardiologie, Orthopädie und Unfallchirurgie hinzu.

Amalienpark

Unsere Tour durch den Ortskern von Pankow wollen wir nun durch den Amalienpark fortsetzen. Dazu überqueren wir die

Breite Straße und stehen gegenüber von „Maria Heimsuchung"
praktisch direkt am Zugang des Amalienparks.

Der mit weniger als einem halben Hektar eher kleine und nach
der Schwester Friedrichs des Großen, Prinzessin Amalie von
Preußen, benannte Park erstreckt sich über die mit Pappeln,
Linden und Platanen bepflanzte Grünfläche sowie die umgrenzenden Grundstücke. 1897 wurde das Areal vom Architekten
und Immobilienunternehmer Otto March dergestalt konzipiert,
dass eine hübsche Parkanlage mit zwei- bis dreigeschossigen
Wohnhäusern im Landhausstil entstand. In der Zeit zwischen
1990 und dem Jahr 2000 erfolgte eine umfangreiche Sanierung
der Gebäude bei der eine möglichst originalgetreue Rekon-
struktion des Ursprungszustandes angestrebt wurde.

Plastik „Sitzendes Liebespaar" im Amalienpark

Im Amalienpark sehenswert sind die auf einem Klinkersockel stehende Bronzeplastik „Sitzendes Liebespaar" der Berliner Bildhauerin Carin Kreuzberg aus dem Jahr 1976 sowie die 1996 aufgestellte Sandsteinplastik „Maske der Medea" von Christine Dewerny.

Ossietzkystraße

Haben wir das Ende des Amalienparks beziehungsweise der gleichnamigen Straße erreicht, schwenken wir nach links in die Wolfshagener Straße, der wir bis zur Kreuzung mit der Ossietzkystraße folgen und dann in diese nach rechts einbiegen.

Die Ossietzkystraße war früher den Pankowern vor allem aus zwei Gründen ein Begriff: Hier befand sich (in einem Flachbau auf der westlichen Straßenseite – Hausnummern 9 bis 11) die „Jugendmode", ein Fachgeschäft mit Kleidung für junge Leute. Außerdem – und das machte die Ossietzkystraße auch überregional bekannt – rauschten zu DDR-Zeiten hier regelmäßig von einer Motorrad-Eskorte umrahmte Tschaika- oder Volvo-Konvois mit Parteigrößen und internationalen Gästen in Richtung Schloss Schönhausen über das Kopfsteinpflaster. Heute ist davon nichts mehr zu erkennen und lediglich die offizielle Einstufung zur Fahrradstraße ist hier noch eine gewisse Besonderheit.

Bei einem Blick auf das Straßenschild der nun bald links einmündenden Pestalozzistraße wird sich manch ein älterer Pankower Mann möglicherweise an seine Jugendtage erinnern: Im

Haus Nr. 30 – 33 befand sich das Wehrkreiskommando Berlin-Pankow. Das Gebäude wurde in den 2000er Jahren abgerissen und durch einen Neubau ersetzt, in dem sich heute ein Seniorenpflegeheim befindet.

Ossietzkystraße Ecke Pestalozzistraße

Militärisch bliebe es auch, würden wir der Ossietzkystraße weiter geradeaus folgen und in den Grundstücksbereich des Schlosses eintreten. In den ehemaligen (da ist das Wort schon wieder!) Wachhäusern der Schlossanlage residiert heute nämlich die Bundesakademie für Sicherheitspolitik (BAKS), eine im Auftrag des Bundessicherheitsrates arbeitende ressortübergreifende Weiterbildungsstätte der Bundesrepublik Deutschland. An der BAKS erfolgt die Weiterbildung von Führungskräften aus Bund und Ländern (vor allem aus Ministerien) sowie aus sicherheitspolitisch relevanten Bereichen der Privatwirtschaft. Ein wenig erschreckend, aber vielleicht beabsichtigt als Einschüchterung gedacht sind die Hinweisschilder auf dem Gelände „Militärischer Sicherheitsbereich – Unbefugtes Betreten verboten! Vorsicht Schusswaffengebrauch!" Nun denn – wir wollen uns diesem Areal heute ohnehin nicht weiter nähern, sondern biegen knapp 50 Meter vor der Einfahrt in den Schlossbereich nach links in den Majakowskiring ab.

Majakowskiring

In den ersten Jahren der im Oktober 1949 gegründeten DDR war der Majakowskiring Wohnadresse wichtiger Partei- und Regierungsmitglieder. Das charmante und damals von vielen Pankowern „Städtchen" genannte Villenviertel war seinerzeit von den umliegenden Straßen durch verschiedene Sicherheitsvorkehrungen wie Zäune, Mauern und Schlagbäume abgetrennt. Wir wollen nun im Uhrzeigersinn einmal den Majakowskiring umrunden und halten uns daher nach links. Direkt gegenüber der Kreuzung begrüßt uns das ehemalige Gästehaus der DDR-Regierung.

Ehemaliges Gästehaus der DDR-Regierung

Zunächst treffen wir auf unserem Weg am Haus Nr. 13 auf ein Gebäude, in welchem sich damals der Kindergarten der DDR-Regierung befand. Ein Stück weiter auf der linken Seite im Haus Nr. 29 lebte Wilhelm Pieck und fast direkt gegenüber im Haus Nr. 28/30 wohnte der einstige Staatsratsvorsitzende Walter Ulbricht mit seiner Frau Lotte. Nach der sich nun anschließenden Straßenkurve liegt rechter Hand der Majakowskiring Nr. 46/48, in welchem Otto Grotewohl zu Hause war, von 1949 bis 1964 Ministerpräsident der DDR. Und fast am Ende unserer Rundtour durch das ehemalige „Städtchen" kommt auf der linken Seite mit der Nummer 63 noch das Haus von Günter Schabowski in den Blick. Als er hier wohnte, war er noch Chefredakteur des SED-Zentralorgans Neues Deutschland und hätte sich wohl nicht träumen lassen, später einmal auf einer internationalen Pressekonferenz die Öffnung der innerdeutschen Grenzen zu verkünden.

Rückweg zum Ziel, dem S-Bahnhof Pankow

Nachdem wir unseren Rundgang durch die alte Prominentensiedlung abgeschlossen haben, wird es Zeit, den Rückweg anzutreten. Hierzu begeben wir uns wieder auf die Ossietzkystraße und nehmen Kurs auf die bereits vorhin vorgestellte Kirche an der Breiten Straße. Über die große Ampelkreuzung erreichen wir die Berliner Straße, folgen dieser und sind schon bald an wieder am S-Bahnhof Pankow abgekommen – dem Beginn und zugleich Ziel unserer heutigen Tour.

Bronzeplastik „Drei Frauen" von Carin Kreuzberg am Elisabethweg
Ecke Ossietzkystraße

↻ Start S-Bahnhof Pankow, Ausgang Florastraße
↱ Florastraße
↰ auf Berliner Straße
↱ auf Breite Straße
↰ auf Amalienpark
↰ auf Wolfshagener Straße
↱ auf Ossietzkystraße
↱ auf Majakowskiring
↖ Majakowskiring im Uhrzeigersinn folgen
↱ auf Ossietzkystraße
↑ Breite Straße überqueren
↑ Berliner Straße folgen
↻ Ziel S-Bahnhof Pankow

Tour 5

Tour 5: Zum Botanischen Volkspark

Die Tour im Überblick

Start:	S-Bahnhof Pankow-Heinersdorf
Ziel:	Botanischer Volkspark
Gesamtstrecke:	ca. 7 km
Fahrzeit (Rad/Roller):	etwa 1 Stunde
Fußweg:	etwa 3 Stunden
Besonderheiten:	Interessant für Straßenbahnfans
Picknickmöglichkeiten:	Brosepark
	Botanischer Volkspark

Diese Route mit dem Smartphone aufrufen:

Die verlinkten Kartendaten sind verfügbar gemäß Open Database License © OpenStreetMap-Mitwirkende – Keine Gewähr für permanente Verfügbarkeit.

Tour 5 – Zum Botanischen Volkspark

Tour 5 führt uns vom S-Bahnhof Pankow-Heinersdorf entlang der Niederschönhausener Wohnsiedlungen, der Blankenburger Straße und Dietzgenstraße zum Brosepark und schließlich zum Botanischen Volkspark Pankow. Die Route ist so konzipiert, dass vor allem Spaziergänger auf ihre Kosten kommen und den Rückweg bequem mit einem Bus der Linie 107 ins Pankower Zentrum nehmen können. Gleichwohl lässt sich die gesamte Tour natürlich auch sehr gut mit einem Fahrrad oder E-Scooter zurücklegen – hier stehen gut ausgebaute Radwege für die „Heimreise" zur Verfügung.

Eine kleine Besonderheit dieser Tour: An mehreren Stellen werden wir Geschichten des früheren Pankower Straßenbahnverkehrs begegnen.

Start: S-Bahnhof Pankow-Heinersdorf

Wir verlassen den S-Bahnhof Pankow-Heinersdorf durch das repräsentative Empfangsgebäude und den Hauptausgang. Direkt davor nutzen wir die mit einer Ampel versehene Straßenüberquerung und steigen eine kleine Treppe hinunter, die uns zur Haltestelle der Straßenbahnlinie 50 (Französisch-Buchholz, Guyotstraße – Wedding, Virchow-Klinikum) führt. Die in einer leichten, aus der Bleicheroder Straße heraufführenden Kurve angelegte Station existiert seit Anfang der 1970er Jahre; die alte Strecke der einstigen Linie 49 (Buchholz – Hackescher

Markt) verlief oben auf dem künstlich aufgeschütteten „Bahn-
hofsberg" über die Damerowstraße, vorbei an der hier die Ei-
senbahngleise überspannenden „Schwarzen Brücke". Wir aber
nehmen heute keine Straßenbahn, sondern den Weg direkt gerade aus und erreichen hier schon bald an der Vesaliusstraße
eine historische Wohnsiedlung, die aus der Zeit der Weimarer
Republik stammt und nach und nach in offener Bauweise errichtet wurde. Architekten waren Rudolf Klante, Josef Tiede-
mann und Carl Fenten.

Lenken wir den Blick nach rechts, fallen uns die gegen Ende
der 1960er Jahre auf dem Gelände der ehemaligen Kleingartenanlage „Edelmut" erbauten imposanten Wohnblöcke auf.
Mit ihnen wurden zum ersten Mal im Stadtbezirk Berlin-Pankow
durch Nutzung des Plattenbautyps QP 64 (Querwand-Platten-
bauweise, Serie 1964) neue architektonische Wege beschrit-
ten. Neben der beeindruckenden Höhe (zehn Geschosse!) fiel
vor allem die Fassadenverblendung mit Keramik-Platten auf.

Zehngeschosser an der Vesaliusstraße

Gemeinsam mit der Infrastrukturgestaltung (Einkaufsmöglich-keiten, Schulen und Kindergärten wurden in unmittelbarer Nähe neu errichtet) entstand ein für damalige Zeiten modernes Wohngebiet.

Wir bewegen uns nun ein Stück nach rechts die Vesaliusstraße entlang und biegen sodann gleich in die Achtermannstraße ein, der wir folgen und schon nach nicht einmal hundert Metern rechter Hand einen kleinen aber feinen Park erreichen.

Kleiner Park Achtermannstraße

Zwischen Achtermannstraße und Prießnitzstraße gibt es seit mindestens 100 Jahren diesen kleinen Park.

Park am Paracelsusplatz

Der mitunter auch als „St. Luna Park" bezeichnete Paracelsusplatz wird als öffentliche Grünanlage von den Anwohnern der
umliegenden Häuser vor allem in den Sommermonaten gern
zum gemütlichen Verweilen auf einer Bank genutzt. Die Neugestaltung mit dem großen „Sonnenblumenfeld" an der Nordseite darf ohne Übertreibung als sehr gelungen bezeichnet
werden. Ein kleiner Spielplatz ist auch vorhanden. Da in den
1930er Jahren eine Straßenbahnlinie von der Breiten Straße
hierher geplant war, hätte sich der Paracelsusplatz ideal als
Wendeschleife geeignet. Ob dies tatsächlich so konzipiert war,
lässt sich heute leider nicht mehr nachprüfen.

Klaustaler Straße / Klaustaler Platz

Obwohl unser Kurs heute gen Nordwesten geht, wollen wir an
der Klaustaler Straße einen kleinen Abstecher nach Süden machen und in Richtung Klaustaler Platz laufen. Die Namen „Klaustaler Straße" und „Klaustaler Platz" leiten sich wie auch die
Bezeichnungen der umliegenden Straßen von Orten im Harz ab
(Bleicherode, Bad Harzburg, Hasserode). Was allerdings auf-
fällt: Die namensgebende Gemeinde Clausthal-Zellerfeld
schreibt sich mit „C" und „th" – warum also nicht auch die
Straße? Nun, ursprünglich wurde die Klaustaler Straße tatsächlich exakt so wie das niedersächsische Städtchen geschrieben.
Um das Jahr 1930 herum erfolgte dann jedoch eine Umstellung
auf die „modernere" Schreibweise, in der „th" und „C" zugunsten eines schlichten „K" verschwanden.

Wir biegen von der Achtermannstraße kommend also nach links in die Klaustaler Straße ein (Rad- und Rollerfahrer bitte absteigen – Einbahnstraße!). Die Bebauung mit netten kleinen zweigeschossigen Siedlungshäusern ändert sich hinter der Bleicheroder Straße (auf der wir die Straßenbahngleise erneut überqueren) zu einem eher großstädtischen Bild. Der nun erreichte Klaustaler Platz präsentiert sich in einem etwas anderen Zustand als der zuvor beschriebene Paracelsusplatz: Er lädt durchaus zum Verweilen ein, könnte aber kleinere Pflegearbeiten vertragen. Interessant anzuschauen ist auch die hübsche aus dem Jahr 1977 stammende „Tiersäule" des Bildhauers Lothar Rechtazek.

„Tiersäule" im Klaustaler Platz

Am südöstlichen Ende der Klaustaler Straße, kurz vor der Einmündung in die Damerowstraße finden wir nun ein Relikt der Zeitgeschichte: Hier liegen noch alte Straßenbahnschienen inklusive einer Weiche des Abzweigs von der bis 1971 bestehenden Trasse. Im Jahr 1941 beispielsweise war die Klaustaler Straße Endstation der Linie 149 zur Schützenstraße/Margaretenstraße. Die gut erhaltenen Überreste der ehemaligen Gleisanlagen sind sicher eine interessante Entdeckung für alle Freunde historischer Nahverkehrstechnik.

Alte Straßenbahnschienen Klaustaler Straße

Mendelstraße und Siegfriedstraße

Wir biegen nun nach rechts in die Damerowstraße ein und an der nächsten „echten" Einmündung ebenfalls nach rechts in die Mendelstraße, der wir bis zu ihrem nördlichen Ende an der Galenusstraße/Am Schlosspark folgen. Die Mendelstraße ist nach dem jüdischen Psychiater und Reichstagsabgeordneten Emanuel Mendel benannt, der von 1861 bis zu seinem Tod im Jahr 1907 in Pankow lebte. Vom 17. September 1938 bis zum 30. Juli 1947 trug die Mendelstraße – passend zu den anderen regionalen Bezeichnungen im Kiez – vorübergehend den Namen eines Bergrückens im Harzvorland südöstlich von Braunschweig und hieß Elmstraße.

Haben wir das Ende der Mendelstraße erreicht, halten wir uns links und schwenken bei der nächsten Möglichkeit rechter Hand in den Schlosspark ein, den wir nach zweimaligem Überqueren der Panke an der Siegfriedstraße wieder verlassen.

Die Panke im Schlosspark

Nach ca. 100 Metern passieren wir die Blankenburger Straße. Auch hier lagen einmal Straßenbahngleise. Bis 1966 verlief ein Teil des Streckenabschnitts der Linie 46E durch diesen Bereich.

Die Endhaltestelle des Streckenabschnitts befand sich rechter Hand an der Einmündung der Lindenberger Straße; ankommende Züge fuhren über die Blankenburger Straße, abgehende über die Idastraße. Zeitweise durchfuhren die Bahnen aber auch nur die Schleife über Idastraße, Wackenbergstraße und Herthaplatz, ohne die Endstelle in der Blankenburger Straße anzulaufen.

Wir wenden uns nun aber nach links und steuern den Ossietzkyplatz an. Auf dem Weg dorthin passieren wir noch die Wache der Freiwilligen Feuerwehr Niederschönhausen, die in einem hübschen Gebäude untergebracht ist.

Feuerwache Blankenburger Straße 19

Der Ossietzkyplatz präsentiert sich heute eher schmucklos und ohne besonderes Flair. Bis 1871 hieß er Kirchplatz und danach – in Anlehnung an den Namen der Kirche (Friedenskirche) – Friedensplatz. Seit 1948 trägt der Platz mitten im Stadtteil Niederschönhausen seinen heutigen Namen. Apropos Kirche: Der hier zu findende Sakralbau wurde nach einem Entwurf von keinem geringeren als dem preußischen König Friedrich Wilhelms IV. gebaut und am 7. Juli 1871 eingeweiht.

Friedenskirche

Wegen des exakt zu diesem Zeitpunkt endenden Deutsch-Französischen Krieges 1870/71 erhielt das Gotteshaus den Namen „Friedenskirche". Zuvor hatte es an gleicher Stelle schon einmal eine Kirche gegeben, die ursprünglich aus dem

14. Jahrhundert stammte und im 16. Jahrhundert sowie noch einmal 1743 saniert wurde. Wegen Baufälligkeit musste der Turm im Jahr 1866 abgetragen werden; drei Jahre später erfolgte der vollständige Abriss des Bauwerks.

Folgen wir nun der Dietzgenstraße stadtauswärts, so erreichen wir bald den Brosepark.

Brosepark

Der nach dem Pankower Bankier Christian Wilhelm Brose benannte Brosepark existiert schon seit 1920. Auf einer Fläche von rund vier Hektar hat die Grünanlage nicht nur einen interessanten Baumbestand zu bieten, sondern eignet sich auch zum Pausieren auf einer Parkbank oder sogar für ein kleines Picknick.

Eingang zum Brosepark

Das Gelände ist weitläufiger, als es auf den ersten Blick den Anschein macht und es lohnt sich, den Park zu durchstreifen.

Die im Eingangsbereich zu findende Bronzeplastik „Mutter mit Kind" steht seit 1976 an dieser Stelle. Zuvor war das vom Bildhauer und Medailleur Reinhold Felderhoff bereits im Jahr 1911 geschaffene Kunstwerk bis 1955 im Bürgerpark, dann bis 1971 auf dem Pankower Dorfanger zu finden.

Niederschönhausen

Folgen wir weiter der Dietzgenstraße, bewegen wir uns direkt durch den Kern von Niederschönhausen. Der heutige Stadtteil Pankows wurde erstmals 1375 als Nydderen Schonhusen urkundlich erwähnt. Vor der Gründung Groß-Berlins und der damit verbundenen Eingemeindung der Vororte im Jahr 1920 war Niederschönhausen eigenständige Landgemeinde und gehörte zum damaligen Landkreis Niederbarnim. Die Bebauung entlang der Dietzgenstraße ist gemischt und zeigt neben vielen (sanierten) Altbauhäusern auch zahlreiche Lückenschlüsse aus den letzten Jahren.

Straßenbahnhof Nordend

Auf der rechten Seite der Dietzgenstraße, hinter der Einmündung der Schillerstraße tut sich nun der imposante Gebäudekomplex des einstigen Straßenbahnhofs Niederschönhausen auf. Vor der Eröffnung des Betriebshofs am 26. Mai 1901 befand sich an dieser Stelle der Bahnhof III der Großen Berliner Straßenbahn. Während seiner Glanzzeiten beherbergte der Straßenbahnhof mit seinen 19 Gleisen nicht nur die Abstell- und Wartungshalle mit Platz für knapp 200 Trieb- und Beiwagen, sondern später auch einen Werkstattanbau und ein angrenzendes Verwaltungsgebäude, in dem seinerzeit der Leiter des Betriebshofes sowie der Oberschlosser in eigens für sie geschaffenen Wohnungen lebten. Die Triebfahrzeugführer und anderes Straßenbahnpersonal konnte in der Schillerstraße ein neues Zuhause finden, wo um 1930 eine eigene Wohnsiedlung für das Personal gebaut wurde (Hausnummern 23 – 37). Bis Ende Oktober 1990 wurde das Depot Niederschönhausen als Straßenbahnhof für alle Linien genutzt, die in Pankow verkehrten. Später waren hier noch bis ca. 2015 die historischen Fahrzeuge der BVG untergestellt.

Zu ganz besonderen „Ehren" kam der Straßenbahnhof bzw. das Kulturhaus des Betriebshofes in den 1980er Jahren. Hier wurden nämlich im Rahmen einer kleinen Feierstunde von Angehörigen der Volkspolizei Personalausweise an Jugendliche ausgegeben. Ab dem 14. Lebensjahr war es in der DDR Pflicht, ein solches Dokument zu besitzen „stets bei sich zu tragen, sorgfältig zu behandeln, vor Verlust zu schützen und auf Verlangen der Volkspolizei vorzuzeigen bzw. auszuhändigen", wie es auf der ersten Seite des kleinen blauen Heftchens hieß. Die Erstausgabe der Personalausweise wurde in vielen Städten feierlich zelebriert – so auch hier im Straßenbahnhof.

Folgen wir der Dietzgenstraße weiter in Richtung Norden, passieren wir auf der rechten Seite ein ausgedehntes Friedhofsgelände, während linker Hand Kleingärten und etwas später ein Sportplatz liegen. Sodann erreichen wir die Einmündung des Rosenthaler Weges und die Brücke über den Nordgraben. Auf der rechten Seite erstreckt sich eine weite Fläche, die sich zum Zeitpunkt der Arbeit an diesem Buch noch als landwirtschaftlich genutztes, im Besitz des Landes Berlin befindliches Acker- und Weideland präsentiert.

Elisabeth-Aue, September 2023

Möglicherweise wird sich der Charakter dieser schönen Gegend aber schon bald ändern, denn es kommen zunehmend Ideen zur Sprache, die Elisabeth-Aue – so der Name der Naturfläche – für den städtischen Wohnungsbau zu nutzen. Neben reinen Wohnhäusern sollen dem Vernehmen nach auch der Einzelhandel und das Dienstleistungsgewerbe hier angesiedelt werden. Überdies ist der Bau neuer Schulen und anderer sozialer und kultureller Einrichtungen geplant, sodass letztlich ein großes Stadtquartier mit vielen Menschen entsteht. Auf der rund 73 ha großen Fläche könnten dann bis zu 5.000 Wohnungen entstehen.

Ob und in welcher Weise eine Bebauung auf diesem Areal tatsächlich stattfinden wird, bleibt abzuwarten. Hinsichtlich einer Straßenbahn-Anbindung hierher gab es jedenfalls schon 2017 eine umfangreiche Studie mit mehreren Trassenvorschlägen – unter anderem auch die Verlängerung der Linie M1 von Nordend über die Dietzgenstraße.

Das Ziel: Botanischer Volkspark Blankenfelde

Nicht weit hinter der Elisabeth-Aue haben wir auf der linken Straßenseite das Ziel unserer heutigen Tour erreicht: den Botanischen Volkspark. Gelegen im Stadtteil Blankenfelde präsentiert das Areal das ganze Jahr über bis zu 6 000 zum Teil vom Aussterben bedrohte Pflanzenarten. Das Areal wurde nach Anregung des seinerzeitigen Gartenbaudirektors Albert Brodersen im Jahr 1909 auf einem stillgelegten Rieselfeld als Schulgarten in Betrieb genommen und längere Zeit auch so genutzt. Während des Ersten und auch des Zweiten Weltkriegs bauten die Berliner auf dem Gelände Obst und Gemüse an. Zu Ostberliner Zeiten nannte sich die Anlage „Agro-Biologische Zentralstation der Thälmann-Pioniere ‚Walter Ulbricht‘“, wobei der Name des einstigen Staatsratsvorsitzenden der DDR spätestens Mitte der

1970er Jahre vermutlich kaum noch genannt wurde. 1977 erhielt dann die Humboldt-Universität die Anlage als Bereich für Forschungszwecke zur Verfügung gestellt, wobei die Gesamtausdehnung um angrenzende Waldflächen erweitert wurde. Errichtet wurde auch ein kleines Arboretum, also eine Sammlung verschiedener Gewächse und Gehölze. Forschung wurde hier aber schon in den 1910er Jahren betrieben. Die auch in unseren Tagen im Volkspark noch zu bestaunende „Geologische Wand" ist ein Beispiel dafür. Sie präsentiert mehr als 120 Gesteinsarten aus der oberen Erdschicht Mitteleuropas. Ebenfalls sehenswert sind die Tropen- und Schaugewächshäuser sowie das Dammwildgehege.

Der Botanische Volkspark Pankow

Regelmäßig erregt der Botanische Volkspark Blankenfelde einmal im Jahr überregionale Aufmerksamkeit, wenn die „Königin der Nacht", ein rankender Kaktus, für wenigen Stunden erblüht.

Im Botanischen Volkspark bestehen verschiedene Möglichkeiten zur Erfrischung und Stärkung – sei es, mittels eines eigenen Proviantkorbs, sei es, durch die kulinarischen Angebote vor Ort.

Im Volkspark

E-Roller- und Fahrrad-Piloten nutzen für den Rückweg ins Pankower Zentrum die Route über Dietzgenstraße – Grabbeallee – Schönholzer Straße und Breite Straße, Spaziergänger können mit einem Bus der Linie 107 „in die Stadt" zurückkehren.

Straßen- und Wegeliste zur Tour 5

↻ Start S-Bahnhof Pankow-Heinersdorf,
Ausgang Damerowstraße/Pasewalker Straße

↑ Damerowstraße überqueren; hinab zur Straßenbahn-
haltestelle

↑ zur Vesaliusstraße

↱ auf Vesaliusstraße

↰ auf Achtermannstraße

↰ auf Klaustaler Straße

↑ über Bleicheroder Straße weiter auf Klaustaler
Straße bleiben

↱ auf Damerowstraße

↱ auf Mendelstraße

↰ auf Am Schlosspark

↗ durch den Schlosspark

↱ auf Siegfriedstraße

↰ auf Blankenburger Straße

↱ am Ossietzkyplatz auf Dietzgenstraße

↑ Dietzgenstraße für 3 km folgen

↻ Ziel Botanischer Volkspark Blankenfelde

Tour 6

Tour 6:
Entdeckungstour durch das Kissingenviertel

Die Tour im Überblick

Start:	S-Bahnhof Pankow
Ziel:	S-Bahnhof Pankow-Heinersdorf
Gesamtstrecke:	ca. 5,5 km
Fahrzeit (Rad/Roller):	etwa ¾ Stunde
Fußweg:	etwa 2 ½ Stunden
Besonderheiten:	Zivilschutzbunker Zeiler Weg
Picknickmöglichkeiten:	Kissingenstadion

Diese Route mit dem Smartphone aufrufen:

Zur gemütlichen Ecke

Tour 6 –
Entdeckungstour durch das Kissingenviertel

Auch zu dieser Tour wollen wir vom S-Bahnhof Pankow aus starten. Der Weg führt uns heute in eine selbst manchem Pankower nicht ganz so gut bekannte Gegend, die gleichwohl eine Menge interessante Entdeckungen und viel geschichtliche Informationen bereithält. Die Rede ist vom Kissingenviertel, dessen Name sich von der im Jahr 1906 nach dem in Bayern gelegenen Ort Bad Kissingen benannten Kissingenstraße ableitet, die mitten durch das Gebiet verläuft.

Den S-Bahnhof verlassen wir diesmal an seinem östlichen Ausgang zur Berliner Straße hin, halten uns rechts und erreichen bereits nach wenigen Metern den Einmündungsbereich der Granitzstraße sowie der bereits erwähnten Kissingenstraße. Wir nutzen – mit dem Fahrrad oder E-Roller genauso wie zu Fuß – hier den südlich gelegenen Übergang und folgen hinter der Bushaltestelle rechter Hand der leichten S-Kurve, die uns direkt in die Kissingenstraße führt.

Amtsgericht Pankow

Rechter Hand grüßt uns schon bald das imposante Gebäude des Amtsgerichts Pankow. Dessen Abteilungen für Familien- und Betreuungssachen sind hier in einem 1906 nach Entwürfen des Architekten Rudolf Mönnich als Mischung aus Jugendstil und fränkischem Barock errichteten und heute unter Denkmalschutz stehenden Bau-Ensemble zu finden. Das hinter dem Gerichtsgebäude liegende frühere Untersuchungsgefängnis, welches während der DDR-Zeit vom Ministerium für Staatssicherheit betrieben wurde, wird heute als Justizvollzugsanstalt für Frauen genutzt. Die Ergänzungsbauten des Amtsgerichts an der Arkona- und Lohmestraße stammen aus den 1990er Jahren.

Turm des Amtsgerichts Pankow

Rosa-Luxemburg-Gymnasium

Ebenfalls auf der rechten Seite der Kissingenstraße tut sich vor uns nur wenig später ein auffallendes Schulgebäude auf. Erbaut nach Plänen und unter Leitung des auch für die Gestaltung des Pankower Rathauses verantwortlichen Architekten

Wilhelm Johow wurde es im Jahr 1907 zunächst als Realgymnasium für Jungen eröffnet. Später erfolgte die Benennung der Schule nach dem deutsch-schwedischen Baumeister des Barock Johann Friedrich Nilsson Eosander. Im Volksmund hieß die Lehranstalt vereinfachend „Eosander-Schule".

Zur Zeit des Zweiten Weltkriegs wurde das Gebäude vorübergehend als Lazarett genutzt, woran noch bis ins Jahr 2016 das zwar verwitterte, aber noch recht gut wahrzunehmende Rote-Kreuz-Symbol über dem Haupteingang hier an der Kissingenstraße erinnerte. Das beachtlich große und offensichtlich auch von Flugzeugen gut sichtbare Symbol sollte das Haus vor Luftangriffen bewahren.

Im Innern erweist sich die Architektur des Gebäudes bis heute als schlicht, zweckmäßig und schnörkellos. Viele ältere Pankower werden sich vermutlich noch gut daran erinnern, dass diese Bildungseinrichtung in den 1960er bis 1980er-Jahren zur Erinnerung an den ersten und einzigen Präsidenten der DDR, Wilhelm Pieck, den Namen „Wilhelm-Pieck-Oberschule" trug. Als Schule mit dem Schwerpunkt Russisch-Unterricht galt die achtzügige „Pieck-POS" im Allgemeinen als eine Art Eliteschule, auf die ein Schüler oder eine Schülerin nicht einfach so kam, sondern wegen herausragender Leistungen oder besonderen gesellschaftlichen Engagements „für die Sache des Sozialismus" delegiert wurde.

Nach der Wende zunächst namenlos geblieben, entschieden sich die seinerzeitigen Schüler 1994 im Rahmen einer Projektwoche mit acht zu drei Stimmen für die Benennung des Gymnasiums nach der Sozialdemokratin Rosa Luxemburg und gegen den Namen des österreichisch-britischen Schriftstellers, Übersetzers und Pazifisten Stefan Zweig. Die Festrede zur feierlichen Namensverleihung am 5. März 1994 hielt die ehemalige DDR-Bürgerrechtlerin und spätere Bundestagsabgeordnete Vera Lengsfeld (vormals Vera Wollenberger).

Rosa-Luxemburg-Gymnasium, Hauptportal

Direkt hinter dem Schulgebäude schwenken wir nach rechts in die Neumannstraße ein und bewegen uns entlang des umzäunten Schulhofes. Auch hinter der einmündenden Borkumstraße bleibt es noch „pädagogisch besetztes Gebiet" – hier liegt nämlich die Wolkenstein-Grundschule. Überhaupt: Die Neumannstraße ist über ihre gesamte Länge unglaublich reich an Bildungseinrichtungen, wie wir gleich noch sehen werden.

Nun aber erreichen wir kurz vor der Binzstraße zunächst den Ort, an dem sich einst das Herzstück des Einzelhandels im Kissingenviertel befand. Wie das „Neue Deutschland", damals „Organ des Zentralkomitees der Sozialistischen Einheitspartei Deutschlands" in seiner Ausgabe vom 29.09.1976 berichtete, wurde am Tag zuvor nachmittags hier an dieser Stelle in der Pankower Neumannstraße eine neue HO-Kaufhalle ihrer Bestimmung übergeben. Sie löste im Wesentlichen den auf der gegenüberliegenden Straßenseite (Hausnummer 18) zu findenden „Konsum" als Versorgungsstützpunkt für die Bevölkerung ab und bot ein für damalige Verhältnisse umfangreiches Sortiment an Lebens- und Genussmitteln, Haushaltswaren und anderem mehr. Erbaut vom Landbaukombinat Potsdam, Betrieb Neuruppin umfasste die neue Einkaufsstätte laut „ND" eine Verkaufsraumfläche von 700 Quadratmetern und galt als 83. Kaufhalle in der Hauptstadt, die sich in einem Altbaugebiet befand. Bis in die späten 1990er Jahre diente das eingeschossige Skelettbauwerk mit Fertigteilstützen und seiner auffälligen trapezförmigen Spannbetondachkonstruktion den Anwohnern als beliebtes Selbstbedienungsgeschäft. Mit dem Neubau eines kombinierten Wohn-/Gewerbehauses musste die Kaufhalle schließlich neuen Plänen weichen und heute findet sich in besagtem Gebäude ein Supermarkt.

Die „Chinesische Mauer" von Pankow

Ab Mitte der 1970er Jahre ließen der Magistrat von Berlin sowie das Dienstleistungsamt für ausländische Vertretungen größere Flächen von Kleingartenanlagen im Bereich rund um die Neumannstraße und nördlich der Hoffnungskirche räumen. Durch ein hier geplantes Bauprogramm sollte auf den gestiegenen Bedarf an Wohnraum reagiert und die Errichtung von Mietshäusern vorangetrieben werden. Außerdem galt es, für die in Ostberlin (damals „Berlin, Hauptstadt der DDR") arbeitenden Mitarbeiter von ausländischen Botschaften angemessene Wohnungen bereitzustellen.

Die „Chinesische Mauer" von Pankow

Im Zusammenhang mit diesem Projekt wurden dabei auch Flächen reserviert, auf denen später Botschaftsgebäude hätten entstehen können. Allerdings sind derartige Ideen nie realisiert

worden und noch heute zeigen sich zum Teil größere Freibe-
reiche, wie vor allem das riesige, mit einer knapp drei Meter
hohen Mauer umgebene Areal, welches wir an der Kreuzung
mit der Arnold-Zweig-Straße auf der rechten Seite (nein, nicht
„bewundern", sondern) anschauen können. Nach entsprechenden Informationen aus dem Bezirksamt Pankow soll sich das
1,5 ha große Gelände zwar im Eigentum der Bundesrepublik
Deutschland befinden, allerdings mit einem Erbbaurecht zugunsten der Volksrepublik China belegt sein. So wird die „Chinesische Mauer" von Pankow hier wohl noch eine Weile ste-
henbleiben.

Noch mehr Schulen ...

Würden wir der Neumannstraße weiter in südlicher Richtung
folgen, kämen wir an noch mehr Schulen vorbei: Zunächst findet sich hinter der Kreuzung mit der Elsa-Brändström-Straße
die Ende der 1970er Jahre in Betrieb genommene ehemalige
25. Oberschule und – direkt daneben – die am 1. September
1980 eröffnete ehemalige 30. Polytechnische Oberschule Berlin-Pankow. Beide sich noch immer deutlich erkennbar im DDR-
Baustil präsentierende Schulgebäude gehören heute zur Kurt-
Tucholsky-Oberschule.

Auf der rechten Seite der Neumannstraße – zwischen Eschen-
graben und Thulestraße und damit unmittelbar an der Grenze
zum Ortsteil Prenzlauer Berg – liegt dann noch ein weiterer
großer Schulhof zwischen der ehemaligen 10. Oberschule
„Heinz Bartsch" und der 5. Oberschule „Paul Zobel" – heute

vereint als „Trelleborg-Schule", einer Grundschule mit offenem Ganztagsbetrieb.

Atelierhaus „Kunstmaschine"

Doch lassen wir die Schulen einfach „rechts liegen" und nehmen den Weg nach links in die Arnold-Zweig-Straße. Hier gerät schon bald das auffällige „Atelierhaus Kunstmaschine" in unseren Blick.

Atelierhaus

Nach intensiven Sanierungs- und Umbaumaßnahmen entstanden in der zweiten Hälfte der 2010er Jahre in dem einst als Hotel für diplomatische Vertretungen errichteten und später (ab 1983) von den gesellschaftswissenschaftlichen Instituten der Akademie der Wissenschaften der DDR genutzten Gebäude insgesamt 450 Arbeitsräume für Musiker, Schauspieler, Maler und Literaten. Als vorteilhaft dürfte sich dabei die unmittelbare Nachbarschaft zur studentischen Apartmentanlage „Selma-Lagerlöf-Straße" erweisen, denn so haben die hier untergebrachten jungen Künstler nur einen kurzen Weg zwischen Wohn- und Wirkstätte und können auf diese Weise auf die Nutzung gefürchteter klimabelastender Fortbewegungsmittel verzichten.

Zeppelinbauten

Da die Prenzlauer Promenade (von 1788 bis 1906: Prenzlauer Chaussee, von 1906 bis 1908: Uckermärkische Straße und von 1908 bis 1912: Uckermarkstraße), der wir nun linker Hand stadtauswärts folgen wollen, auf der östlichen Seite über keinen Radweg verfügt und das Befahren dieser belebten Ausfallstraße (Autobahnzubringer zur A 114) mit einem Fahrrad oder E-Roller nicht empfehlenswert ist, nutzen wir (als Zweirad-Pilot) die kleine Distanz zwischen Arnold-Zweig-Straße und Kissingenstraße für ein wenig körperliche Bewegung und schieben unser Gefährt hier den Gehsteig entlang. Dabei können wir sehr gut die schon bald ins Sichtfeld kommenden sogenannten Zeppelinbauten erkennen. Sie wurden 1930 – 1931 durch die beiden Architekten Georg Thoféhrn und Walter Borchard errichtet und stellen aufgrund ihrer besonderen Dachgestaltung eine bauliche Sonderform dar. Kein Wunder also, dass die Häuser heute unter Denkmalschutz stehen. Während der Luftangriffe auf die damalige Reichshauptstadt Berlin wurde die Wohnsiedlung „Zeppelin" erheblich beschädigt. Der etwas zurückgesetzt liegende Block am Retzbacher Weg (Ecke Laudaer

Straße) musste beispielsweise in den Morgenstunden des 3. Januar 1944 einen Luftminentreffer verkraften. Große Teile des Kissingenviertels sind – nicht allein wegen noch vorhandenen Kriegsschäden, sondern auch nach fehlender Sanierung zu DDR-Zeiten in der zweiten Hälfte der 1990er Jahre umfangreich instandgesetzt worden.

Zeppelinbauten, Prenzlauer Promenade

Kissingenstadion

Am Ende der Zeppelinbauten biegen wir nach links wieder in die Kissingenstraße ein und können uns angesichts des hier im Vergleich zur Prenzlauer Promenade deutlich geringeren Autoverkehrs vorsichtig auf der rechten Fahrbahnseite auch wieder mit Muskel- oder Motorkraft fortbewegen, sofern wir mit Roller oder Rad unterwegs sind.

Rund 100 Meter hinter der Kreuzung nehmen wir auf der linken Seite das großflächige Kissingen-Stadion mit – sofern man den entsprechenden Angaben Glauben schenken mag – 8 000 Sitzplätzen wahr. Das Areal wurde in den 1930er Jahren zunächst als Fußballplatz und Spielwiese genutzt und dann in seiner im Wesentlichen bis heute erhaltenen Form im August 1951 anlässlich der in Berlin stattfindenden „III. Weltfestspiele der Jugend und Studenten" eröffnet. Der Baumbestand rund um den Sportplatz und an anderen Stellen im Kissingenviertel stammt zum Teil noch aus den 1930er-Jahren.

Kissingenstadion

Kissingenplatz und katholische St. Georgs-Kirche

Auf der rechten Seite gerät nun ein weiteres Wahrzeichen des Kissingenviertels in den Blick: Die ab 1906 nach einem Entwurf des Architekten August Kaufhold aus Friedenau erbaute katholische St.-Georgs-Kirche, ein neogotischer Backsteinbau.

Optisch wurde bei der Außengestaltung des Gotteshauses viel Wert auf eine hohe Fernwirkung gelegt, wozu insbesondere der dominante viereckige und mit 62 Metern Höhe weithin sichtbare Turm mit seiner steilen Haube beiträgt. Im Innern hingegen ist die Kirche überraschend klein und besteht neben dem recht kurzen Hauptschiff aus in der Höhe gedrückten Seitenschiffen. Da aufgrund von Kriegsschäden nach 1945 die Fenster im Querschiff zugemauert wurden, ein Abbau der (damaligen) Kanzel erfolgte und später (1977) auch eine Reihe von Schmuckelemente an den Altären entfernt wurden, veränderte sich der Charakter der Kirche merklich. Gleichwohl blieb der neogotische Flügelaltar weiterhin eine imposante Erscheinung. Sehenswert sind ferner die geschnitzten und farbigen Reliefs der 14 Stationen des Kreuzwegs Christi.

Der Kissingenplatz selbst war einst als sehr großzügiges Areal konzipiert. Bis in die späten 1960er Jahre machte der Platz seinem Namen alle Ehre und präsentierte sich als Zentrum des Viertels mit einer begrünten Mitte, um welche die aus vier Richtungen zulaufenden Straßen herumgeführt wurden. Leider ist von dieser hübschen Gestaltung heute nichts mehr übriggeblieben und der Verkehr rauscht über die hier zweispurige Kissingenstraße einfach am früheren Kleinod vorbei. Lediglich die auf beiden Straßenseiten zu findenden Grünanlagen lassen die einstige Schönheit dieses Platzes noch ein wenig erahnen.

Kirche „St. Georg" und Kissingenplatz

Wohnanlagen im Stil des „Neuen Bauens"

Sind wir auf zwei Rädern unterwegs, strecken wir an der Neumannstraße den rechten Arm als Zeichen für den Abbiegewunsch heraus oder setzen den entsprechenden Blinker. Nun rollen oder laufen wir an einem weiteren Wohntrakt entlang, der sich gut in die städtebauliche Gesamtarchitektur einfügt. Haben wir das Ende der Neumannstraße erreicht, biegen wir abermals nach rechts ab und befinden uns nunmehr in der Granitzstraße.

In den Jahren von 1925 bis ca. 1931 wurden im Kissingenviertel mehrere Wohnanlagen im Stil des sogenannten „Neuen Bauens" nach den Entwürfen der Architekten Paul Mebes und Paul Emmerich errichtet, die wir auf unserer Entdeckungsfahrt dank den umfangreichen Sanierungs- und Renovierungsarbeiten der vergangenen Jahre fast durchweg in neuer alter Schönheit bewundern können. Die Wohnsiedlungen zwischen Gemündener Straße und Dettelbacher Weg werden von manchen Anwohnern bis heute mit ihren einstigen Namen wie „Birkenhof", „Tannenhof" oder „Kastanienhof" bezeichnet. Vor allem die drei eben genannten Anlagen sind sehenswert, da sie sehr ansprechende Innenhöfe aufzuweisen haben. Die Grünflächen zwischen den Häuserblocks ähneln hier eher kleinen Parks als gewöhnlichen Höfen.

Kindergartengebäude aus den 1930er Jahren

Auf der rechten Seite lässt sich – etwas Aufmerksamkeit und keine zu hohe Geschwindigkeit vorausgesetzt – kurz hinter der Karlstadter Straße ein etwas weiter hinten liegender Flachbau erkennen. Hierbei handelt es sich um ein in den 1930er Jahren mitten im Kastanienhof als Kinderheim geplantes und seit den 1960er-Jahren als Kindergarten bzw. Kinderkrippe genutztes Bauwerk. Zu DDR-Zeiten trug die Einrichtung einige Jahre lang den Namen der jüdischen Widerstandskämpferin und Kinderpflegerin Marianne Joachim. Heute befindet sich in dem Gebäude die Sekundarstufe einer bilingualen Privatschule.

Zivilschutzbunker am Zeiler Weg

Würden wir an der letzten Einmündung vor der großen Kreuzung, dem Haßfurter Weg, für einen kurzen Abstecher nach rechts abbiegen (Zweiradfahrer: Achtung Einbahnstraße!), läge direkt vor uns am Ende der kurzen Straße ein weiteres interessantes Bauwerk aus vergangenen Zeiten – der Zivilschutz-Mehrzweckbunker am Zeiler Weg.

Erbaut im Jahr 1965 als eine Art Tiefgarage (was noch heute an der steilen Zufahrt mit dem großen Tor zu erkennen ist), sollte das Objekt den Anwohnern als Unterschlupf im Gefahrenfall dienen. In dem nichtmilitärischen Schutzraum hätten sich bis zu 300 Menschen eine Zeit lang aufhalten können (daher auch der Name „SBW 300"). WCs und Waschräume waren ebenso vorhanden wie Wassertanks, eine Dekontaminationsdusche, zwei getrennte Zugänge mit Schleuse sowie eine Belüftungsanlage mit Kiesdruckwellendämpfer.

Der Bunker am Zeiler Weg war laut Dokumenten des „Stabes der Zivilverteidigung der DDR" das einzige während der Zeit des Kalten Krieges in der Hauptstadt der DDR für die Zivilbevölkerung geschaffene reine Schutzbauwerk.

Nach der Wiedervereinigung soll sich das Objekt noch ein paar Jahre lang in der Verwaltung des Zivilschutzes befunden haben und bereits Mitte der 1990er Jahre gab es dann verschiedene Bestrebungen für eine allgemein zugängliche Nutzung, beispielsweise als Treffpunkt für Jugendliche zum Musikhören und Tanzen. Allerdings führten die dabei wohl unvermeidliche Lautstärke und der in die kleine Siedlung fließende Besucherstrom (der während entsprechender Probeveranstaltungen festzustellen war) dazu, dass das Projekt schnell wieder vom Tisch kam und der Bau in der Folgezeit verwahrloste.

Ob der Bunker am Zeiler Weg in irgendeiner Form Zukunft hat? Wir wissen es nicht. Dass jedoch eine so große Fläche völlig ungenutzt bleibt, kann nur als unverständlich bezeichnet werden.

Einfahrt zum ehemaligen Zivilschutzbunker

Am Ende der Granitzstraße kommen wir nicht umhin, das beeindruckend große Bürohaus auf der linken Seite zu bewundern. Das siebengeschossige Gebäude wurde im Jahr 1998 fertiggestellt. Es beherbergt im Unter- und Erdgeschoss großflächig eine moderne Betriebszentrale der Deutschen Bahn, von der aus der Schienenverkehr auf einem Streckennetz von mehr als 4 500 km Länge in den Ländern Berlin, Brandenburg, Mecklenburg-Vorpommern und Teilen von Sachsen-Anhalt und Niedersachsen kontrolliert und disponiert wird. Während einige der 800 hier beschäftigten Kollegen von der Granitzstraße aus die elektronischen Stellwerke in den genannten Regionen steuern, kümmern sich andere DB-Mitarbeiter um die Entwicklung von Fahrplänen und vieles andere mehr, was den privaten und geschäftlichen Kunden der Deutschen Bahn im Alltag zugutekommt.

Betriebszentrale der DB

Wer mag, kann die kleine Einbahnstraße linker Hand nutzen und sich das Gebäude auch von der Rückseite her anschauen. Der dreieckig gestaltete Hof wird hier von einer leichten Stahlkonstruktion überdeckt und bildet den Außenbereich der Cafeteria mit Sitzmöglichkeiten und mehreren Springbrunnen.

Dass der Mitarbeiterparkplatz mit seinen 150 Stellflächen nicht als Tiefgarage ausgeführt, sondern neben dem Gebäude platziert wurde, ist nebenbei bemerkt eine unmittelbare Folge der hohen Sicherheitsanforderungen des Objekts.

Übrigens: Bis zur Schließung des Flughafens Berlin-Tegel im Oktober 2020 befand sich auf dem Gelände der DB-Betriebszentrale die Sendeantenne des Anflug-Funkfeuers „Tegel-East". Auf einer Frequenz von 321 kHz wurden den im Landeanflug befindlichen Maschinen Navigationssignale für die Richtungsbestimmung übermittelt. Leider ist von der Anlage heute nichts übriggeblieben.

Brücke Autobahnzubringer Heinersdorf

Ende der 1970er Jahre begannen die Baumaßnahmen für die Errichtung eines Autobahnzubringers, der dem immer weiter gestiegenen Verkehrsaufkommen der Pendler zwischen den damaligen Kreisen Bernau und Oranienburg in die Hauptstadt gerecht werden und einen besseren Komfort auch für Fernreisende in Richtung Ostsee bieten sollte. War es bislang nötig, die knapp 300 Meter südlich des S-Bahnhofs Heinersdorf gelegene „Schwarze Brücke" – eine 19,2 Meter breite Fachwerkbrücke mit Steinpflasterung – zu benutzen und damit ein Nadelöhr (insbesondere an der Einmündung der Damerowstraße) zu passieren, sollte der Fahrzeugstrom künftig ungehindert direkt nach Norden fließen.

Die 343 Meter lange westliche Seite der neuen Brücke wurde im Dezember 1980 ihrer Bestimmung übergeben; am 30. September 1982 erfolgte dann die Verkehrsfreigabe des vollständigen Brückenbauwerks und die Fahrzeuge konnten nun kreuzungsfrei von der Prenzlauer Promenade bis zum Berliner Ring und von dort weiter nach Rostock, Prenzlau oder zu anderen Reisezielen rollen. Der Autobahnzubringer Nord zwischen den Anschlussstellen Pasewalker Straße und Berlin-Buchholz (Anschluss zur damaligen Fernverkehrsstraße F 109) war bereits mehr als sieben Jahre zuvor, genauer gesagt am Freitag, dem 17. Januar 1975 um 11 Uhr für den Verkehr freigegeben worden.

Das Ziel: S-Bahnhof Pankow-Heinersdorf

Die offizielle Inbetriebnahme des Bahnhofs Pankow-Heinersdorf fand am 1. Oktober 1893 statt. Seit diesem Tag hielten die Vorortzüge der Stettiner Bahn an der Station, die zu jenem Zeitpunkt noch nicht über ein Empfangsgebäude verfügte. Das sollte sich erst in den ausgehenden 1910er-Jahren ändern, als der Bahnhof auf westlicher Seite mit einem entsprechenden Bauwerk versehen wurde. Geschaffen von Carl Cornelius und Ernst Schwartz, denselben Architekten also, die auch für das

Empfangsgebäude am S-Bahnhof Pankow verantwortlich
zeichneten, lässt sich das hübsche Haus bis heute bewundern.

S-Bahnhof Pankow-Heinersdorf

Im Zuge des bereits erwähnten Brückenbaus machte sich auch
eine Veränderung der Bahnsteigsituation und der Übergänge
zum damals hoch frequentierten Bahnbetriebswerk erforder-
lich. So wurde am 10. März 1980 der nach Nordosten verlän-
gerte Bahnsteig nebst modernem Aufsichtsgebäude (mitunter
als „Stellwerk" bezeichnet) in Betrieb genommen und ein neuer
Zugang errichtet. Zugleich musste das Dach des Bahnsteigs
gekürzt werden und weist seither die auch heute noch vorhandene Länge auf.

Am Ziel unserer heutigen Tour angekommen, können wir vom
Bahnhof Heinersdorf aus bequem nach Hause fahren und werden hoffentlich noch lange von den zahlreichen neuen Eindrü-
cken zehren, die wir auf dem Weg durch das Kissingenviertel
gewinnen durften.

Straßen- und Wegeliste zur Tour 6

↷ Start S-Bahnhof Pankow, Ausgang Berliner Straße
↱ auf Berliner Straße
↰ auf Granitz-/Kissingenstraße
↗ auf Kissingenstraße bleiben
↱ auf Neumannstraße
↰ auf Arnold-Zweig-Straße
↰ auf Prenzlauer Promenade
↰ auf Kissingenstraße
↱ auf Neumannstraße
↱ auf Granitzstraße
(ggf. ↱ auf Haßfurter Weg – Abstecher zum Bunker)
↰ auf Prenzlauer Promenade
↻ Ziel S-Bahnhof Pankow-Heinersdorf

Tour 7

Tour 7: Nach Weißensee zum Weißen See

Die Tour im Überblick

Start:	S-Bahnhof Pankow-Heinersdorf
Ziel:	Straßenbahnstation Weißer See
Gesamtstrecke:	ca. 5,5 km
Fahrzeit (Rad/Roller):	etwa 1 Stunde
Fußweg:	etwa 2 Stunden
Besonderheiten:	2 Friedhöfe liegen am Weg
Picknickmöglichkeiten:	Werner-Klemke-Park
	Am Weißen See

Diese Route mit dem Smartphone aufrufen:

Die verlinkten Kartendaten sind verfügbar gemäß Open Database License
© OpenStreetMap-Mitwirkende – Keine Gewähr für permanente Verfügbarkeit.

WEISSENSEE

Eigentlich gehört Weißensee nicht zum ursprünglichen Kernbereich Pankow, der in diesem Büchlein das Gebiet sein soll, welches zu entdecken ist. Zwar wurde mit der Bezirksgebietsreform zum 1. Januar 2001 Weißensee de facto ein Pankower Ortsteil; für viele ältere Weißenseer ist ihre Heimat jedoch noch immer etwas Besonderes, Eigenes, von Pankow Unabhängiges. Und in der Tat: Weißensee besitzt eine Menge individuellen Charme, der so ganz anders anmutet, als das bisweilen eher städtische Pankow. Da es aber auch viele Schnittmengen gibt und Weißensee – vor allem rund um das gleichnamige Gewässer – eine Menge Möglichkeiten für schöne Spaziergänge bzw. Rad- oder Rollertouren bietet, soll diesem Ortsteil zumindest als Ziel eine eigene Tour gewidmet werden.

Start: S-Bahnhof Pankow-Heinersdorf

Wir starten unsere Tour am Ausgang des S-Bahnhofs Pankow-Heinersdorf direkt auf der Brücke des Autobahnzubringers. Stadteinwärts gewandt – direkt vorbei am links liegenden historischen Bahnbetriebswerksgebäude – begeben wir uns ein Stück die Brücke hinab und nehmen dann auf der linken Seite die Treppen (als Fußgänger) bzw. die Rampe (als Radler oder E-Roller-Pilot). Unten angekommen, setzen wir unseren Weg direkt geradeaus fort und erreichen hier die Zufahrt zur Kleingartenanlage „Feuchter Winkel Ost". Um in Richtung Heinersdorf und nach Weißensee zu gelangen, nehmen wir die parkplatzähnliche Straße rechter Hand und schwenken an deren

Ende links auf die Heimdall- und an der nächsten Einmündung rechts in die Idunastraße ein, der wir für eine Weile folgen.

S-Bahnhof Pankow-Heinersdorf (Ausgang am alten Bahnbetriebswerk)

Friedhof Heinersdorf

Nachdem wir die nach dem französischen Schriftsteller benannte Romain-Rolland-Straße (bis 1951: Kronprinzenstraße) überquert haben, treffen wir linker Hand auf den städtischen Friedhof Heinersdorf. Er wurde im Jahr 1890 angelegt, als die Zahl der Einwohner des Ortes immer weiter zunahm und der Kirchhof nur begrenzte Kapazitäten für Grabstellen hatte, bedurfte es einer weiteren Begräbnisstätte. Wer möchte, kann dem Friedhof während der Öffnungszeiten einen Besuch abstatten und sich das Grab des einst bekannten Heinersdorfer Bürgermeisters und Lebensmittelfabrikanten Friedrich Tinius

(Namensgeber der ganz in der Nähe befindlichen Tiniusstraße) anschauen. Auch befinden sich auf dem Friedhof Heinersdorf eine Kriegsgräberanlage für Gefallene von 1939 bis 1945 sowie eine kleine, 1890 erbaute und im Jahr 2000 umfassend sanierte Trauerhalle.

Auf dem Heinersdorfer Friedhof

Doch setzen wir unseren Weg auf der Idunastraße fort und folgen ihr bis zu ihrem Ende, wo wir zunächst nach links in die Hödurstraße und kurz darauf rechts in die Mimestraße einbiegen.

Blankenburger Straße und Ortskern Heinersdorf

An der Einmündung der Mimestraße auf die Blankenburger Straße finden sich in der Fahrbahn noch alte Gleise. Die Schienen gehörten zur ehemaligen Industriebahn Tegel – Friedrichsfelde, die hier bis in die frühen 2000er Jahre verlief und dann vollständig stillgelegt und abgebaut wurde. Weitere Details zur Industriebahn Tegel – Friedrichsfelde finden sich auch an anderen Stellen dieses Büchleins, denn auf mehreren Touren kann man noch den Überbleibseln der alten Strecke begegnen.

Das Zentrum von Heinersdorf

Unseren Weg setzen wir rechter Hand fort, in südliche Richtung vorbei an den Brachflächen der alten Gärtnerei rund um die Neukirchstraße, die hier nur noch als schmaler Fußweg existiert. Da für das ehemalige Gärtnerei-Areal eine umfangreiche Wohnbebauung vorgesehen ist, wird die aktuell hier noch zu findende Idylle wohl bald der Vergangenheit angehören.

Nach einer leichten Rechtskurve, die die Blankenburger Straße an der Einmündung der Malchower Straße beschreibt, haben wir auch schon den Ortskern von Heinersdorf erreicht. Seit vielen Jahren werden immer wieder Überlegungen angestellt, wie die angespannte Verkehrssituation in diesem Bereich beseitigt werden kann; eine tragfähige Lösung ist derweil noch nicht in Sicht.

Hinweis: Näheres zur Geschichte Heinersdorfs findet sich auf der nächsten Tour, die im Heinersdorfer Zentrums startet.

Dorfkirche Heinersdorf

Die Heinersdorfer Kirche wurde um 1300 errichtet und im Laufe der Zeit erweitert und umgebaut. So wurde beispielsweise der Turm im Jahr 1893 erneuert und um 1935 ein Anbau errichtet. Das über einen Verbindungsgang erreichbare Pfarrhaus existiert seit 1909; es wurde nach einem Entwurf des bekannten Architekten Carl James Bühring gebaut. Die beiden Buntglasfenster über dem Altarbereich schuf der deutsche Maler Carl Fritz David „Charles" Crodel im Jahr 1946.

Im Sommer 2023 wurde vom Hof hinter der Kirche eine aus dem Jahr 1513 stammende und 500 Kilogramm schwere Bronzeglocke gestohlen. Die Glocke war im Zweiten Weltkrieg durch mehrere Einschüsse beschädigt und daher aus dem Glockenstuhl entfernt worden. Seither stand sie auf einem kleinen Steinpodest zwischen Gemeindehaus und Kirche.

Dorfkirche

Direkt vor dem Haupteingang der Kirche befindet sich ein Fußgängerüberweg mit Ampel, den wir als Spaziergänger nutzen.
Als Zweiradfahrer folgen wir dem entsprechenden Straßenver-
lauf und biegen in die Tino-Schwierzina-Straße ein.

Wenn es ein weithin bekanntes (und auch sichtbares!) Wahrzeichen von Heinersdorf gibt, dann ist es der 46 Meter hohe Wasserturm. Ursprünglich von dem Charlottenburger Ingenieur Emil Prinz als Stahlbetonbauwerk mit Kupferkuppel für ein eigenes Heinersdorfer Rathaus konzipiert und in den Jahren 1910/1911 errichtet, wurde das heute denkmalgeschützte Gebäude nie für den eigentlichen Zweck genutzt. Als Mitte der 1930er Jahre dann statt eines Rathauses (Heinersdorf war längst keine eigenständige Gemeinde mehr, sondern gehörte seit 1920 zu Groß-Berlin) auf dem Gelände neben dem Wasserturm nach Entwürfen von Richard Ermisch ein Schulneubau nebst Turnhalle entstand, begann zumindest eine teilweise Nutzung des Turmes für schulische Zwecke.

Grundschule am Wasserturm Heinersdorf

Während der folgenden Jahre bezog auch die Hitlerjugend das Objekt und führte hier unter anderem Rekrutierungsgespräche mit jungen Leuten, die für einen Einsatz an der Front gewonnen werden sollten. Es folgte eine Nutzung als Flakstellung kurz vor Kriegsende sowie als Behelfslazarett und Kornspeicher. Der äußerlich durch Beschuss stark in Mitleidenschaft gezogene Turm diente sodann während der DDR-Zeit der sowjetischen Armee zur Beobachtung von Flugzeugen, die den Westberliner Flughafen Tegel ansteuerten oder von dort starteten. Seit 1994 steht der Heinersdorfer Wasserturm nun leer und wartet auf eine – auch wegen des erheblichen Brandschadens vom Juni 2014 – vermutlich recht teure Sanierung.

Wir setzen unseren Weg auf der Tino-Schwierzina-Straße fort und biegen dann links in die Straße 49 ein. Auf beiden Seiten präsentieren sich hier Kleingärten, die vor allem in den Sommermonaten mit vielen bunten Blumen und einer liebevollen Gestaltung Lust auf den einen oder anderen Blick „über den Gartenzaun" machen.

Kleingartenanlage „Freies Land"

Die Kleingartenanlage (KGA) „Freies Land" existiert bereits seit 1943 und ist nach eigenem Bekunden die drittgrößte KGA im Bezirksverband. Entstanden ist sie auf dem Gelände einer Seifenfabrik, die angesichts der zur Herstellung ihrer Produkte verwendeten Grundstoffe (Tierknochen) in der Umgebung durch eine starke Geruchsbelästigung auf sich aufmerksam machte.

Als im Jahr 1936 die Bebauung der heutigen Straße „Am Steinberg" mit Mietshäusern begann und auch im Bereich bis zur Berliner Straße (der heutigen Tino-Schwierzina-Straße) Wohngebäude errichtet werden sollten, verschwand die Seifenfabrik. Kurz nach dem Beginn der Baumaßnahmen (die ersten Fundamente waren schon errichtet), ging der Baugesellschaft dann jedoch das Geld aus und die Bebauungspläne des Gebietes wurden nie verwirklicht. Stattdessen entstand – wohl auch wegen des Bedarfs an Flächen zur Selbstversorgung mit Obst und Gemüse – zwei Jahre vor Kriegsende hier die Kleingartenanlage.

Von den einstigen Ideen zur Errichtung eines Wohngebietes auf dem heutigen KGA-Gelände zeugen nur noch Bezeichnungen wie „Straße 45", „Straße 54" oder eben „Straße 49" für die doch eigentlich eher als „Weg" einzustufenden Pfade.

Alte Ostberliner Straßenschilder in der KGA „Freies Land" (Sommer 2023)

Eine weitere, sehenswerte Besonderheit der Kleingartenanlage „Freies Land" ist ohne Frage der als Naturschutzgebiet ausgewiesene Pfuhl. Erreichen lässt er sich direkt von der Straße 49 aus über den „E-Weg". Von der anderen Seite, dem südöstlichen Ufer des Gewässers aus führt dann ein Pfad zur Straße „Am Steinberg", die wir aber auch erreichen, wenn wir unsere Tour ohne Abstecher zum Pfuhl fortsetzen. Auf jeden Fall gilt es, nach dem Verlassen der KGA „Freies Land" in die Gäblerstraße einzubiegen, wozu wir uns – von welchem Ausgang auch immer – nach links halten müssen.

Am Pfuhl in der KGA „Freies Land", Frühherbst 2023

Amalienstraße / Segenskirchhof

Wir folgen nun der Gäblerstraße bis zu ihrem Ende an der Gustav-Adolf-Straße. Unterwegs können wir die ansprechende Bebauung ebenso bewundern wie die Gestaltung der Vorgärten, Wege und Plätze.

Haben wir die nach dem Unternehmer Gustav Adolf Schön (1834 – 1889) benannte Gustav-Adolf-Straße erreicht, halten wir uns nach links, vorbei an der Hagenbeck-Schule und dem Oberstufenzentrum „Max Bill" und nehmen dann die nächste Einmündung auf der rechten Seite in die Amalienstraße.

Links erstreckt sich nun der mit insgesamt 6 Hektar beachtlich große Segenskirchhof. Ursprünglich 1882 als Kirchhof der Zionsgemeinde eröffnet, wurde er 1908 von deren Tochtergemeinde, der Segensgemeinde, übernommen. Im Zentrum der parkähnlich gestalteten Begräbnisanlage imponiert vor allem die überlebensgroße Figur des segnenden Christus, weswegen sich ein Abstecher auf das Friedhofsgelände durchaus lohnen kann. Auch sehenswert ist dann auch die kleine, im Jahr 2003 denkmalgerecht restaurierte Kapelle in der Nähe des Eingangs im neugotischen Stil, deren Fassade aufwendig aus Backstein gestaltet wurde.

Auf dem Segenskirchhof

Nachdem wir an der Einmündung der Woelckpromenade die wunderschönen, in Anlehnung an die märkische Backsteinarchitektur nach Entwürfen von Carl James Bühring entworfenen Gebäude des „Munizipalviertels" bewundert haben (Anfang der 1990er Jahre drehte das DDR-Fernsehen hier sogar die Serie „Vorsicht! Falke!" mit Manfred Möck, Nora von Collande und vielen anderen bekannten Schauspielern) und auch dem an der Kreuzung Amalienstraße/Parkstraße linker Hand in einer hübschen, denkmalgeschützten Villa untergebrachten Weißenseer Standesamt einen aufmerksamen Blick zugeworfen haben, lohnt sich ein Abstecher in den auf der rechten Seite zu findenden Park, der seit dem 12. März 2017 den Namen des einst ganz in der Nähe wohnenden Grafikers und Illustrators Werner Klemke trägt.

Klemke ist vor allem für die von ihm über Jahrzehnte geschaffenen Umschlagbilder der Zeitschrift „Das Magazin" und die Gestaltung von DDR-Schul- und Kinderbüchern bekannt. Der Werner-Klemke-Park lädt nun mit zahlreichen Bänken zum Verweilen ein und bietet von verschiedenen Stellen aus einen Blick auf die an manchen Stellen mit Wasserpflanzen bedeckte Oberfläche des kleinen Pfuhls in der Parkmitte, der auch „Goldfischteich" genannt wird.

Sehenswert ist auch die kleine Gedenktafel für Klemke an der Südostseite des Parks, der wir kurz vor dem Verlassen der Anlage begegnen. Sie trägt auf der Rückseite das Zitat des Grafi kers: *„Motto: Gestern der Auftrag, heute die Ausführung morgen am Kiosk und dann das Schmunzeln, das befreiende ‚Durchatmen' vieler Leser und Bildbetrachter".*

Gedenktafel im Werner-Klemke-Park

Wir verlassen den Werner-Klemke-Park, überqueren die Parkstraße (links geht es zur Weißenseer Feuerwache sowie zum Amtsgericht) und folgen der Amalienstraße noch bis zu deren Ende, an dem sie zur Albertinenstraße wird. Hier haben wir den Park am Weißen See und damit unser Ziel erreicht.

Die sehenswerte, rund 21 ha große Grünanlage rund um den See stammt in ihrem heutigen Zustand im Wesentlichen aus dem 19. Jahrhundert. Das (Ausflugs-)Lokal „Milchhäuschen" (anfangs tatsächlich eine Verkaufsstelle für Molkereiprodukte) mit seiner Terrasse am See gehört ebenso wie das (leider seit längerem leerstehende) Wildgehege und die Freilichtbühne auf der Nordseite zu den bekanntesten Punkten rund um die insgesamt knapp 1 1/2 Kilometer lange Uferpromenade. Für erwachsene Wasserfreunde oder Familien steht das schon 1912 eröffnete Strandbad auf der östlichen Seeseite bereit und für Kleinkinder gibt es in der Nähe des Wildgeheges ein Planschbecken.

Am Weißen See

Sind wir als Fußgänger unterwegs, können wir ab der Bushaltestelle „Weißer See" gegenüber der Einmündung der Indira-Gandhi-Straße mit der Linie 255 zurück ins Pankower Zentrum fahren; als E-Roller- oder Fahrradfahrer nehmen wir am besten die Route über Rennbahnstraße – Romain-Rolland-Straße – Rothenbachstraße und Granitzstraße.

Aussichtsplattform am Weißen See

Straßen- und Wegeliste zur Tour 7

🎧 Start S-Bahnhof Pankow-Heinersdorf, nördlicher Ausgang (Ostseite der Brücke)

↤ ca. 50 m bis Treppe / Rampe

↑ zum KGA-Zufahrtsweg

↗ zur Heimdallstraße

↦ auf Idunastraße

↤ auf Hödurstraße

↦ auf Mimestraße

↦ auf Blankenburger Straße

↑ Blankenburger Straße folgen

↤ auf Romain-Rolland-Straße

↦ auf Tino-Schwierzina-Straße

↦ auf Straße 49

↤ auf Am Steinberg

↦ auf Gäblerstraße

↤ auf Gustav-Adolf-Straße

↦ auf Amalienstraße

↑ Amalienstraße folgen

↗ in Werner-Klemke-Park

↖ auf Amalienstraße

↑ Amalienstraße bis zum Ende folgen

↻ Ziel Weißer See

Tour 8

Tour 8: Zwerg Nase, Rotkäppchen & Co. –
Von Heinersdorf nach Malchow

Die Tour im Überblick

Start:	Heinersdorf Wendeschleife
Ziel:	Dorfkern Malchow
Gesamtstrecke:	ca. 6 km
Fahrzeit (Rad/Roller):	etwa 1 Stunde
Fußweg:	etwa 2 ½ Stunden
Besonderheiten:	viel Natur
Picknickmöglichkeiten:	Heinersdorfer Wiesen
	Märchenweg

Diese Route mit dem Smartphone aufrufen:

Die verlinkten Kartendaten sind verfügbar gemäß Open Database License
© OpenStreetMap-Mitwirkende – Keine Gewähr für permanente Verfügbarkeit.

Tour 8 – Zwerg Nase, Rotkäppchen & Co. – Von Heinersdorf nach Malchow

Die Kleingartenanlage „Märchenland" ist schon etwas ganz Besonderes. Nicht nur ihre Größe, sondern auch die herausragende Lage dieses grünen Naherholungsgebietes dürfte vielerorts ihresgleichen suchen: „Märchenland" ist umgeben von jeder Menge Natur und grenzt im Norden an den Landschaftspark Barnim. Gute Gründe also, diesem schönen Fleckchen Erde einen Besuch abzustatten und eine Tour durch ein Gebiet zu unternehmen, in dem die Pfade Namen tragen wie „Zwerg-Nase-Weg", „Hauffallee" oder „Dornröschenweg". Machen wir uns also auf den Weg von Heinersdorf nach Malchow.

Start: Heinersdorf, Straßenbahn-Wendeschleife

Hier an der Wendeschleife der Straßenbahn wollen wir ganz zu Beginn unserer heutigen Tour gleich mal einen Moment innehalten und in die Historie zurückblicken: Bis zum 7. Dezember 1969 endete die damalige Straßenbahnlinie 71 noch direkt auf der Romain-Rolland-Straße (die Station nannte sich „Romain-Rolland-Straße/Helgestraße") und machte dort „Kopf". Das heißt, es konnten ausschließlich sogenannte Zweirichtungstriebwagen eingesetzt werden, weil die heute dort zu findende Wendeschleife damals noch nicht gebaut war und der Triebwagen an das andere Ende des Zuges rangieren musste, um die Rückfahrt zum Hackeschen Markt bzw. nach Am Kupfergraben antreten zu können. Da die Berliner Verkehrsbetriebe

Ost (BVB) im September 1969 auf Einrichtungsfahrzeuge umstellte, die Wendeschleife aber erst drei Monate später fertiggestellt wurde, fuhr die Linie 71 in dieser Zeit nur bis zur Haltestelle „Am Steinberg", wo es bereits seit 1965 eine Schleife gab. Der Abschnitt von Am Steinberg nach Heinersdorf wurde übergangsweise mit Altbautriebwagen als Linie 71E bedient, die bis Bornholmer Straße (Björnsonstraße) weiterliefen.

Gleise der Straßenbahn-Wendeschleife Heinersdorf

Übrigens: Die der alten Endstation namensgebende „Helgestraße" existierte lediglich in der Bauplanung und auf alten Stadtplänen, in der Realität gab es eine solche Straße – ebenso wie die zwischen Neukirch- und Idunastraße auf alten Karten eingezeichnete „Baldurstraße" hier nie.

Die ersten 500 Meter unserer heutigen Tour lassen wir uns von den Straßenbahnschienen führen und nehmen Kurs auf die Ortsmitte von Heinersdorf.

Über die Geschichte des Pankower Ortsteils Heinersdorf gibt es ein recht umfangreiches Literaturangebot. Gleichwohl soll im Rahmen der heutigen Tour auch in diesem Büchlein ein kleiner Abriss zur Historie des um 1230 gegründeten Straßendorfs mit dem einstigen Namen Hinrickestorppe erfolgen. Diese Gemarkung wurde 1319 vom Markgrafen Woldemar für eine gewisse Menge brandenburgischen Silbers an das Heilig-Geist-Hospital zu Berlin verkauft – ein Verwaltungsvorgang, der als erste urkundliche Erwähnung des späteren Heinersdorf gilt. Die dann längere Zeit eher kleine Ansiedelung erfuhr mit dem Beginn des 20. Jahrhunderts nicht zuletzt durch die in der Nähe verlaufende Eisenbahnverbindung und den zugehörigen Bahnhof einen deutlichen Aufschwung. Neben dem historischen Dorfkern um die Kirche herum wurde Heinersdorf nach Norden hin mit Siedlungshäusern bebaut. 1920 erfolgte dann im Rahmen der Gründung von Groß-Berlin die Eingemeindung des zuvor eigenständigen Dorfes in den Stadtbezirk Pankow und somit nach Berlin. 1986 ging Heinersdorf gemeinsam mit den nördlichen Nachbarortsteilen Blankenburg und Karow an den Stadtbezirk Berlin-Weißensee über, welcher mit der Bezirksgebietsreform 2001 in den nun entstandenen Großbezirk Pankow integriert wurde.

Hier an der Straßenbahn- und Bushaltestelle Heinersdorf, gegenüber dem ehemaligen Postamt, soll – so sehen es jedenfalls entsprechende Planungen vor – möglicherweise ein ganz neuer Knotenpunkt für den Öffentlichen Personennahverkehr entstehen. Mit neuen Tram-Gleisen in Richtung Blankenburg und einer geänderten Straßenführung. Was davon wann in welcher Form umgesetzt wird, bleibt abzuwarten. Man darf gespannt sein.

Renaturierungsgebiet

Biegen wir nun in die links einmündende Blankenburger Straße ein und setzen den Weg sodann gleich rechts auf der Malchower Straße fort. Dieser folgen wir bis zum links einmündenden Wildstrubelpfad. Kurz zuvor haben wir linker Hand den ehemaligen Güterbahnhof Heinersdorf der einstigen Industriebahn Tegel-Friedrichsfelde passiert – heute eine Art kleines „Gewerbegebiet" mit Flüssiggasverkaufsstelle und anderen Betreibern.

Jetzt geht es eine leichte Steigung hoch auf dem Wildstrubelpfad und gleich wieder recht steil bergab, was insbesondere die Radler freuen wird, die diese Tour absolvieren. Kurz bevor die Straße einen Knick nach rechts macht, biegen wir links in den kleinen Weg ein, der mit einem leicht zu öffnenden und meist sowieso weit offenstehenden Zauntor versehen ist. Hier haben wir das Renaturierungsgebiet erreicht – eine wirklich idyllische Landschaft mit gut ausgebauten Spazier- und Radwegen.

Im Renaturierungsgebiet

Der rechterhand verlaufende Seitenarm des aus Regen- und Schichtenwasser gespeisten Schmöckpfuhlgrabens entspringt unweit in der Kleingartenanlage „Kühler Grund", schlängelt sich rund einen Kilometer durch die Siedlung, dann ungefähr zwei Kilometer über eine Brachfläche und entlang des Spechtfinkwegs sowie nördlich des jetzigen BSR-Recyclinghofs vorbei, um dann nach einer unterirdischen Autobahnunterquerung in die Panke zu münden. Ursprünglich gab es einen zweiten Seitenarm des Schmöckpfuhlgrabens. Dieser begann am Abfluss des Schmöckpfuhls, einem kleinen Teich, der nach der Errichtung des Güterbahnhofs Heinersdorf verschwand.

Ebenfalls sehr schön angelegt sind die Heinersdorfer Wiesen, eine ausgedehnte Grünfläche auf der rechten Seite unseres Weges. Die schöne Natur lädt in den Sommermonaten bei gutem Wetter hier zu einem Picknick im Gras ein und die Bäume der Streuobstwiese linker Hand liefern das dazu passende Obst.

Heinersdorfer Wiesen

Haben wir uns gestärkt (oder einfach nur eine kurze Pause an dieser schönen Stelle eingelegt) folgen wir weiter dem Spazier- und Radweg, bis dieser schließlich in eine asphaltierte Straße mündet, die wahlweise als „Heinersdorfer Straße" oder „Kiebitzweg" am „Langen Hals" bezeichnet wird. Doch wie auch immer diese Straße nun tatsächlich heißen mag, wir wenden uns nach rechts und wandern bzw. fahren entlang von Feldern, Wiesen und einer eher lockeren Bebauung jenseits des parallel verlaufenden Heinersdorfer Grabens. Sehenswert sind hier die gewaltigen Bäume, die die Straße auf der linken Seite am Feldrand säumen. Nach ca. 650 Meter haben wir dann das Ende der Straße erreicht und stehen direkt vor dem Eingang zur Kleingartenanlage „Märchenland".

Die KGA „Märchenland"

Die 1939 gegründete Kleingartenanlage „Märchenland" bietet auf einer Fläche von rund 45 Hektar (so laut Angaben des Bezirksverbandes der Kleingärtner Berlin-Weißensee e. V.) insgesamt 1 028 Parzellen, die von einem um die Anlage verlaufenden Begrenzungsgürtel aus verschiedenen Büschen, Rasenflächen und alten Bäumen umgeben sind. „Märchenland" ist aber nicht nur für die Kleingärtner ein Wochenend- und Urlaubsziel, sondern wird wegen seines fast parkähnlichen Charakters auch von immer mehr Pankowern und Weißenseern für Ausflüge und Spaziergänge genutzt.

Im Märchenland

Entstanden ist die KGA auf einem ehemaligen Rieselfeldgelände, was noch an dem alten, an der Ecke Schneewittchenweg/Königskinderweg zu findenden, imposanten Standrohr – inzwischen sogar ein technisches Denkmal! – erkennbar ist. Nachdem in den Jahren 1934 bis 1939 ganz in der Nähe die Stadtrandsiedlung Malchow errichtet worden war, schuf man hier zwischen Heinersdorf, Blankenburg und Malchow eine Dauerkleingartenanlage, deren Wege allesamt nach Märchenfiguren oder den Autoren entsprechender Geschichten benannt wurden.

Im Jahr 1977 verlieh der damalige Magistrat von (Ost-)Berlin der KGA „Märchenland" den Titel „Naherholungs-, Landschafts- und Vogelschutzgebiet".

Wegeschild

Wir biegen am Eingang zur KGA nach links ab und nehmen den Sterntalerweg, dem wir folgen. An dessen Ende geht es weiter nach rechts in den Rübezahlweg, links in den letzten Ausläufer

des von der Stadtrandsiedlung Malchow kommenden Nachtalbenweg und wieder nach rechts in den Märchenweg.

Auf dem Märchenweg nach Malchow

Der wunderschön gelegene Märchenweg bringt uns nun – vorbei an ausgedehnten Wiesenflächen und über den Fließgraben
– direkt ins Dorf Malchow. Unterwegs bieten sich zahlreiche
Möglichkeiten, um eine mitgebrachte Decke auszubreiten und
eine kurze Rast einzulegen, bevor wir die letzte Wegstrecke in
Angriff nehmen und im Ortskern von Malchow anlangen.

Unterwegs nach Malchow

Das bis 1920 eigenständige Dorf gehörte 65 Jahre lang zu Berlin-Weißensee und wurde dann 1985 im Zuge der Neugrün-

dung des Stadtbezirks Hohenschönhausen in zwei Teile gespalten: Während das Zentrum des Dorfs sowie die östlich liegende Siedlung Margaretenhöhe nach Hohenschönhausen gingen, blieb die Stadtrandsiedlung im Stadtbezirk Weißensee. Dies änderte sich im Wesentlichen auch nicht durch die Bezirksreform im Jahr 2001, wo aus dem einstigen separaten Stadtbezirk Hohenschönhausen nur noch ein Ortsteil von Lichtenberg wurde.

Am Ende des Märchenwegs angekommen, wenden wir uns nach links und nehmen Kurs auf unser heutiges Ziel, den Dorfkern von Malchow.

Das Ziel: Dorfkern Malchow

Die letzten Meter bis zum Dorfkern Malchows mit seiner Bushaltestelle vor der Bäckerei führt uns vorbei am Friedhof sowie an der Dorfkirche Malchow.

Gemeindehaus Malchow

Dass sie keinen Turm hat und auch sonst gar nicht wie eine Kirche aussieht, ist der Tatsache geschuldet, dass das eigentliche Gotteshaus in den letzten Kriegstagen einer Sprengung zum Opfer fiel und nie mehr neu errichtet wurde.

Stattdessen hat die Gemeinde nach Kriegsende eine kleine, aus Backsteinen errichtete Kapelle nebst hölzernem Glockenstuhl mit drei Glocken errichtet.

Links neben dem auf der gegenüberliegenden Straßenseite einmündenden Wartenberger Weg lädt dann noch ein Gasthaus zum Ausruhen von unserer heutigen Tour ein, bevor es entlang der Bundesstraße 2 Richtung Weißensee entweder auf zwei Rädern oder per Bus zurück nach Pankow geht.

Wirtshaus an der Einmündung des Wartenberger Wegs

Pferdekoppel bei Malchow

↻ Start Straßenbahn-Wendeschleife Heinersdorf
↱ auf Romain-Rolland-Straße Richtung Dorfzentrum
↰ auf Blankenburger Straße
↱ auf Malchower Straße
↰ auf Wildstrubelpfad
↰ durch Zauntor ins Renaturierungsgebiet
↑ besandetem Wander-/Radweg folgen
↱ auf Heinersdorfer Straße / Kiebitzweg
↰ auf Sterntalerweg
↱ auf Rübezahlweg
↰ auf Nachtalbenweg
↱ auf Märchenweg
↑ Märchenweg folgen
↰ auf Dorfstraße
↻ Ziel Dorfkern Malchow

Tour 9

Tour 9: Steile Schluchten wie im Harz:
Abenteuer am Nordgraben

Die Tour im Überblick

Start:	S-Bahnhof Blankenburg
Ziel:	S-Bahnhof Wilhelmsruh
Gesamtstrecke:	ca. 8,5 km
Fahrzeit (Rad/Roller):	etwa 2 Stunden
Fußweg:	etwa 3 ½ Stunden
Besonderheiten:	viele Brücken und Uferwege
Picknickmöglichkeiten:	Südzipfel Blankenfelde
	Park am Garibaldi-Teich

Diese Route mit dem Smartphone aufrufen:

Tour 9 – Steile Schluchten wie im Harz: Abenteuer am Nordgraben

Auf dieser Tour wollen wir die meiste Zeit dem Nordgraben folgen und uns auf den Weg von Blankenburg nach Wilhelmsruh machen. Vor allem Menschen, die sich für die Schönheit der stillen Natur begeistern können, werden hier auf ihre Kosten kommen, denn die Uferbereiche des Nordgrabens haben an manchen Stellen einen ganz besonderen Charme und können tatsächlich vergessen lassen, dass sich der Wanderer noch in der deutschen Hauptstadt Berlin befindet. Grundsätzlich kann der Weg von Blankenburg nach Wilhelmsruh zu jeder Jahreszeit absolviert werden – in der „laublosen Zeit" bieten sich ganz andere Aus- und Einblicke als in den Sommermonaten mit üppiger Vegetation.

Start: S-Bahnhof Blankenburg

Unsere heutige Tour beginnt am S-Bahnhof Blankenburg. Die mit einem aus den ersten Jahren des 20. Jahrhunderts stammenden denkmalgeschützten Empfangsgebäude im neoklassizistischen Baustil versehene Station wurde ursprünglich am 1. Juni 1877 in Betrieb genommen. Im Zusammenhang mit dem Ausbau der Stettiner Bahn zwischen 1906 und 1911 wurden die Gleise auf einen Damm verlegt und die Bahnanlagen umgestaltet. Die im Wesentlichen bis 1961 gleichbleibende Situation des hiesigen Schienenverkehrs änderte sich infolge der Grenzschließung. Zum einen wurde der Bahnhof Blankenburg

jetzt Trennungsbahnhof (neben der Stammstrecke nach Bernau wurde die neue Außenring-Verbindung nach Oranienburg
in Betrieb genommen), zum anderen begannen und endeten
die Züge der Heidekrautbahn nach bzw. von Basdorf, Lieben-
walde und Groß Schönebeck jetzt nicht mehr in Wilhelmsruh,
sondern wegen der Grenzsituation hier in Blankenburg. Hierzu
gab es einen separaten Bahnsteig, der von der östlichen Seite
über Treppenstufen erreichbar war und bis 1976 genutzt
wurde, bevor die Züge aus und nach Basdorf mit dem Bahnhof
Berlin-Karow eine neue Endstation bekamen.

Bahnhof Blankenburg

Brücken über den Kanal

Nachdem wir den S-Bahnhof Blankenburg verlassen haben,
halten wir uns nach rechts und machen uns auf den Weg in
Richtung Buchholz. Der Bahnhofstraße folgen wir dabei bis zur
links einmündenden, nach einer noch im 19. Jahrhundert hier

in Buchholz ansässigen Bürgermeister-Dynastie (über drei Generationen hinweg war stets ein Ewest der Buchholzer Dorfschulze) benannten Eweststraße, auf die wir abbiegen und das kurze Stück bis zur Pasewalker Straße zurücklegen.

Eweststraße Ecke Pasewalker Straße

Sodann halten wir uns neuerlich nach links, überqueren – kaum merklich – zum ersten Mal den Nordgraben und begeben uns bis zur Marienstraße, die wir anschließend unter die Schuhsohlen bzw. unter die Reifen nehmen. Am Ende der Marienstraße biegen wir rechts auf die Schönhauser Straße ab und nach dem neuerlichen Passieren des Nordgrabens links in den Fliederblütenweg ein. Nun wird uns der kleine Kanal ein ganzes Stück des Weges begleiten und zahlreiche wunderschöne Naturmotive bieten. Der in den Jahren 1927 bis 1938 zur Wasserstandsregulierung der Panke erbaute Nordgraben kommt von Blankenburg her, wo er nah des S-Bahnhofs am Pankebecken beginnt. Von dort aus zieht sich der Kanal durch Buchholz, Blankenfelde und Rosenthal, verlässt dann Pankow und durchzieht auf Reinickendorfer Gebiet die Ortsteile Wittenau und Borsigwalde, bevor er als Zufluss des Tegeler Fließes in den Tegeler See mündet.

Nordgrabenschlucht an der Nisbléstraße

Eine der Eigenheiten des Nordgrabens ist seine weitgehend niveaugleiche Führung. Das heißt, dass der Kanal über die gesamte Strecke zwischen Blankenburg und Tegel praktisch immer dieselbe Höhe über Normalnull aufweist. Diese Tatsache ergibt sich aus der Besonderheit, dass der Graben an manchen Stellen bis zu zehn Meter tief ins Gelände einschneidet und auf diese Weise regelrechte Schluchten entstanden sind.

Ein Blick in die Tiefe

Genau eine solche Schlucht finden wir entlang des Fliederblütenwegs. Vor allem an der Einmündung der Nisbléstraße und der den hier tief unten liegenden Nordgraben überspannenden Brücke, der Friedenswegbrücke, meint man fast, sich im Bodetal im Harz zu befinden. Namensgeber der Brücke ist übrigens der Friedensweg, ein Privatweg innerhalb der angrenzenden Kleingartenanlage „Daheim II".

Genau an der Stelle, an welcher die Friedenswegbrücke den Nordgraben überspannt, liegt die Grenze zwischen den Pankower Stadtteilen Französisch-Buchholz, Blankenfelde und Rosenthal. Wir nutzen die Brücke, um ans jenseitige Ufer zu gelangen und folgen – nach der rechten Seite hin – weiter dem Nordgraben.

Blankenfelder Südzipfel

Nun folgen wir dem südlichen Uferweg (der sich auf der alten Trasse der ehemaligen Industriebahn Tegel – Friedrichsfelde befindet) zunächst bis hin zur Dietzgenstraße. Hier am Südzipfel von Blankenfelde, nahe der Elisabeth-Aue, überqueren wir die Bundesstraße 96a, machen einen kurzen Rechtsschwenk und bleiben – links in den Kräuterweg einbiegend – nach wie vor dicht am Nordgraben. Nach dem ersten, linker Hand liegenden Sportplatz zeigt sich eine weitere Brücke über den Kanal. Der zugehörige Pfad nennt sich „Gebirgskräuterweg" und wird für die folgenden 1 ½ Kilometer von uns genutzt. An der dann erreichten Schönhauser Straßenbrücke wechseln wir erneut die Uferseite und folgen der Schönhauser Straße bis hin zur Dorfkirche Rosenthal.

Nun haben wir den Ortsteil Rosenthal erreicht. Das Dorf existiert seit dem Ende des 12. Jahrhunderts und die erste ausführlichere Beschreibung Rosenthals findet sich im Ortsverzeichnis von Kaiser Karl IV - sie datiert auf das Jahr 1375.

Die Dorfkirche stammt ursprünglich aus dem Jahr 1350 und wurde in Form einer Saalkirche aus Feldsteinen errichtet. Der Turm in seiner ersten Form ist von 1705.

Dorfkirche Rosenthal

Am Beginn des 20. Jahrhunderts erfolgte dann ein Turmanbau, dessen unterer Teil aus weißem Kalkstein besteht, dem nach oben hin rote Backsteine in gotischen Formen folgen.

Hinter der Kirche schwenken wir nach links auf die Hauptstraße und laufen bzw. fahren in südwestlicher Richtung weiter. Würden wir an der Kreuzung des Wilhelmsruher Damms mit der Friedrich-Engels-Straße der Straßenbahnlinie M1 bis zu ihrem oberen Ende in Rosenthal Nord folgen, kämen wir zur dortigen Wendeschleife, die im Dezember 1960 in Betrieb ging und kurz darauf wegen der nahen Grenze zum in Westberlin liegenden Stadtbezirk Reinickendorf zu einem Kuriosum wurde. So sollte nun vermieden werden, dass Fahrgäste der Straßenbahn mit in die Schleife führen und sich auf diese Weise den Grenzsicherungsanlagen zu sehr näherten. Es wurde daher darauf geachtet, dass alle Passagiere bereits an der Haltestelle Hauptstraße ausstiegen und die Bahnen dann ohne Fahrgäste zur Endstation und durch die Wendeschleife fuhren.

Wir halten uns nun aber weiter auf der Hauptstraße und überqueren gut 400 Meter weiter erneut den uns nun schon gut vertrauten Nordgraben.

Wilhelmsruh

Nun sind wir in Wilhelmsruh angelangt, einem verhältnismäßig jungen Stadtteil, denn erst 1893 begann mit der Schaffung der „Colonie Wilhelmsruh" eine größere Besiedlung. Zunächst noch eigenständig, gehörte die Gemarkung nach der Bildung von

Groß-Berlin im Jahr 1920 zunächst zum Bezirk Reinickendorf, bevor Wilhelmsruh 1938 Pankow zugeschlagen wurde. Nach und nach mauserte sich Wilhelmsruh auch zu einem wichtigen Industriestandort der Region. Dabei spielte vor allem die 1891 von Sigmund Bergmann gegründete Bergmann Electricitäts-werke AG eine entscheidende Rolle. Nach dem Krieg wurde das Unternehmen in einen volkseigenen Betrieb umgewandelt und trug hinfort den Namen „VEB Bergmann-Borsig". Der gegen-über der früheren Firma zusätzlich eingefügte Namesteil, „Bor-sig" wurde mit Blick auf die zahlreichen Arbeiter der früheren Borsigwerke in Berlin-Tegel gewählt, die sich mit großem En-gagement am Wiederaufbau des Betriebes beteiligt hatten. Zu den Erzeugnissen von „Bergmann-Borsig" gehörten unter an-derem Großturbinen und Kraftwerksgeneratoren. Außerdem wurden im Rahmen der sogenannten Konsumgüterproduktion elektrische Rasierapparate der Marke „bebo sher" („bebo" steht dabei für Bergmann Borsig) hergestellt und zum Teil auch in den Westen exportiert, wo die Geräte in so manchem Ver-sandhauskatalog auftauchten. Im Wendejahr 1989 waren im Wilhelmsruher Werk des VEB Bergmann-Borsig rund 3 500 Mit-arbeiter beschäftigt. Im März 1991 erfolgte dann die Über-nahme durch das Großunternehmen ABB und die Beschäftig-tenzahl sank auf etwa 1 300.

Garibaldi-Teich

Durch einen Schwenk auf die im beginnenden Zentrum von Wilhelmsruh auf der rechten Seite einmündenden Goe-thestraße wollen wir nun noch einen kleinen Abstecher zum

Garibaldi-Teich machen. Der aus einem Graben entstandene und nach der östlich des Gewässers verlaufenden Garibaldistraße (wir erreichen sie über die Uhlandstraße) benannte Garibaldi-Teich ist umgeben von einem kleinen aber feinen Park und sehr alten Erlen und Rosskastanien. Ein kleiner Spielplatz ist hier ebenso vorhanden wie ein paar Bänke, die zum Verweilen nach längeren Wanderungen einladen – eine gute Möglichkeit für uns, kurz vor dem Ziel noch eine kleine Rast einzulegen und uns für die Rückfahrt ins Pankower Zentrum zu stärken.

Sehenswertes Kleinod: Der Garibalditeich

Das Ziel: Der S-Bahnhof Wilhelmsruh

Vom Teich gelangen wir schließlich über die Garibaldistraße wieder auf die Hauptstraße, biegen nach rechts ab und haben in Kürze den S-Bahnhof Berlin-Wilhelmsruh erreicht – unser heutiges Ziel. Die Station wurde ursprünglich am 10. Juli 1877 eröffnet und trug zunächst längere Zeit den Namen „Reinickendorf (Rosenthaler Straße)", bis ihm am 3. Oktober 1937 seine heutige Bezeichnung zugeteilt wurde. Mit dem Bau der Berliner Mauer am 13. August 1961 gab es eine einschneidende Veränderung in der Attraktivität des Bahnhofs: Da die Station aufgrund ihrer Lage und der hier verlaufenden Linie Gesundbrunnen – Frohnau nur von Westberlinern betreten werden durfte, die nächste Wohnsiedlung jedoch rund einen Kilometer entfernt war, sank die Zahl hier ein- oder aussteigender Fahrgäste rapide. Dies ging so weit, dass der Bahnhof von Anfang Januar bis Ende September 1984 sogar geschlossen wurde, auf Druck der Bevölkerung jedoch anschließend – genau wie der ebenfalls kurzfristig stillgelegte Streckenabschnitt nach Frohnau – wieder in Betrieb ging. Mit der Grenzöffnung im November 1989 und der Wiedervereinigung Berlins gewann der Bahnhof Wilhelmsruh wieder stark an Bedeutung und ist heute eine wichtige Station in diesem Teil der Stadt.

S-Bahnhof Wilhelmsruh

Hier am Bahnhof Wilhelmsruh sind wir also am Ziel unserer heutigen Tour angekommen. Die Rückfahrt auf eigener Achse (Rad oder Roller) kann via Kopenhagener Straße – Edelweißstraße – Germanenstraße in Richtung Pankower Zentrum erfolgen. Als Spaziergänger können wir zwischen der S-Bahn (nach Wollankstraße oder mit Umsteigen am Bahnhof Bornholmer Straße) und dem Bus der Linie 155 wählen.

Eweststraße Ecke Bahnhofstraße

↻ Start S-Bahnhof Blankenburg

↱ auf Bahnhofstraße

↰ auf Eweststraße

↑ Pasewalker Straße überqueren

↰ auf Pasewalker Straße

↱ auf Marienstraße

↱ auf Schönhauser Straße

↰ auf Fliederblütenweg

↰ auf Friedenswegbrücke

↱ am Ufer entlang bis Dietzgenstraße

↱ kurz auf Dietzgenstraße

↰ auf Kräuterweg

↰ Brücke über den Nordgraben

↱ auf Gebirgskräuterweg

↱ auf Schönhauser Straßenbrücke

↑ Schönhauser Straße folgen

↰ auf Hauptstraße

↑ Hauptstraße folgen

↱ auf Goethestraße

↰ auf Uhlandstraße

↱ auf Garibaldistraße

↑ zum Garibaldi-Teich

↓ vom Garibaldi-Teich auf Garibaldistraße

↱ auf Hauptstraße

↻ Ziel S-Bahnhof Berlin-Wilhelmsruh

Tour 10

Tour 10:
Mörderberg und Blankenburger Süden

Die Tour im Überblick

Start:	S-Bahnhof Blankenburg
Ziel:	S-Bahnhof Blankenburg
Gesamtstrecke:	ca. 7 km
Fahrzeit (Rad/Roller):	etwa 1 Stunde
Fußweg:	etwa 2 ½ Stunden
Besonderheiten:	vorbei am Golfplatz Blankenburg
Picknickmöglichkeiten:	Rund um den Mörderberg
	Waldweg an der Schäferstege

Diese Route mit dem Smartphone aufrufen:

Tour 10 –
Mörderberg und Blankenburger Süden

Tour 10 gestaltet sich als ein angenehmer Rundweg im schönen Pankower Ortsteil Blankenburg. Die verhältnismäßig kurze Strecke lässt sich auch zu Fuß bequem an einem Nachmittag (und natürlich auch zu anderen Zeiten) absolvieren; vor allem in den Sommermonaten zeigt sich das Gebiet zwischen Blankenburger Pflasterweg, Kolonie Märchenland und Lindenberger Weg freundlich und grün.

Der Start: S-Bahnhof Blankenburg

Wie auch bei der Tour 9 wollen wir heute am S-Bahnhof Blankenburg starten. Ein paar Details zur Geschichte der Station finden sich ein paar Seiten weiter vorn im Buch.

Haben wir das Empfangsgebäude verlassen, folgen wir der Bahnhofstraße in Richtung Dorfzentrum. Nach wenigen hundert Metern passieren wir die Albert-Schweitzer-Stiftung, einen Pflegeheim-Komplex, auf dem verschiedene Wohnbereiche in mehreren Gebäuden zur Verfügung stehen. Der sehr schön gestaltete, frei zugängliche Sommergarten auf dem parkähnlichen Gelände der Stiftung bietet Grünflächen, Blumenbeete und sogar einen kleinen Streichelzoo mit Schafen, Ziegen und Eseln.

Nach weiteren 350 Metern langen wir an der Kreuzung Bahn-hofstraße/Heinersdorfer Straße/Krugstege an, halten uns nach links und nehmen Kurs auf die Blankenburger Dorfkirche.

Nebenausgang des S-Bahnhofs Blankenburg

Dorfkirche Blankenburg

Die auf dem Anger inmitten des Friedhofes und umgeben von einer spätmittelalterlichen Feldsteinmauer befindliche Blanken-burger Dorfkirche stammt in ihrer ursprünglichen Form aus der Mitte des 13. Jahrhunderts. Der Turm wurde später angefügt (um 1405) und rund ein halbes Jahrhundert danach aufge-stockt, wobei er Eckkanten aus weißem Rüdersdorfer Kalkstein erhielt. Etwa 250 Jahre später, um 1700, erfolgte dann eine weitere Aufstockung des Turms um ein Glockengeschoss, was jedoch 1939 wegen Baufälligkeit entfernt und anschließend in veränderter Form mit nur noch je einer Schallöffnung wieder-errichtet wurde. Das heute zu findende Pyramidendach des Turmes stammt aus dem Jahr 1998. Im Innern der Kirche lohnt unter anderem ein Blick auf das von 1695 stammende Abend-mahlsgemälde und die Stiftungstafel von 1694 mit dem Atha-nasianum, dem neben dem Apostolikum und dem Nicaenum wichtigsten Glaubensbekenntnis der Christenheit.

Dorfkirche Blankenburg

Fließgraben und Golfplatz Blankenburg

Von der Kirche aus geht es weiter in östliche Richtung entlang der durch eine breite Mittelfläche in zwei einzelnen Fahrbahnen getrennten Straße Alt Blankenburg. Bald hinter dem auf der rechten Seite befindlichen Kaffeehaus biegen wir sodann in die Gernroder Straße ein, der wir folgen. Nach etwas mehr als 500 Metern wird aus der Gernroder Straße dann die Straße „Am

Fließ", deren Name sich darauf gründet, dass sie entlang des kleinen Fließgrabens verläuft, einem Bächlein, welches den Malchower See (siehe Tour 11) im Osten mit den Buchholzer Karpfenteichen (siehe Tour 1) an seinem westlichen Ende verbindet, wo der Fließgraben in die Panke mündet.

Am Golfplatz

Ziemlich am Ende der Straße „Am Fließ" treffen wir nun auf das rund 55 Hektar große Gelände des Golfplatzes Blankenburg. Als nach rund einjähriger Bauzeit am 18. September 2005 hier der erste Ball abgeschlagen wurde, geschah dies durch keinen geringeren als den ehemaligen Torwart der deutschen Fußball-Nationalmannschaft (1966 bis 1979) Sepp Maier, der auch die Schirmherrschaft für das Golf Resort Pankow übernommen hat.

Haben wir den Blankenburger Pflasterweg erreicht, geht es nach dem Überqueren der vielbefahrenen Verbindungsstraße zwischen Blankenburg und Malchow weiter nach rechts, wo wir nach gut 200 Metern schließlich am Mörderberg angelangt sind, der nach einem kleinen Anstieg erreicht ist.

Mörderberg

Der Mörderberg trägt seinen Namen nicht, weil sich hier zu früheren Zeiten meuchelnde Ganoven herumgetrieben haben. Vielmehr handelt es sich um die Evolution der ursprünglichen Bezeichnung „Modderberg", die sich - damals logisch und einprägsam - aus dem sumpfigen Zustand des Geländes ergab. Nach einer danach irgendwann folgenden Episode als „Marderberg" wurde schließlich der heutige Name „Mörderberg". Doch ganz so harmlos wie seine etymologische Historie ist der Mörderberg keineswegs, denn die Geschichte schrieb hier durchaus ein dunkles Kapitel. So errichtete das Ministerium des Innern der DDR im Ortsteil Blankenburg Ende der 1970er Jahre einen großen Kasernenkomplex, der nicht nur der Unterbringung der 10. Volkspolizei-Kompanie „Rudolf Tittelbach" dienen sollte, sondern auch eine Waffenwerkstatt beherbergte. Neben diesen Funktionen war hier auch die Verwahrung von „verdächtigen Subjekten im Hoheitsbereich der DDR" geplant. In der „Geheimen Kommandosache F/1 267 592" (die auch den Titel „Plan der Überführung in den Verteidigungszustand – Bezirk Berlin" trug) wurde als „Maßnahme 44" die „Herstellung der Aufnahmebereitschaft des Internierungslagers, Wohnheim Blankenburg" genannt. Konkret bedeutete diese verklausulierte Bezeichnung, dass auf dem Gelände der Volkspolizei am Blankenburger Pflasterweg Masseninternierungen von Oppositionellen stattgefunden hätten. Mit dem Zusammenbruch der

DDR und der folgenden Herstellung der Einheit Deutschlands wurden diese Pläne fallengelassen und das Objekt nach einer kurzen Weiternutzung durch die Polizei zu einem Wohnheim des Studentenwerkes umfunktioniert. Seit 2009 stand der Bereich komplett leer und verfiel nach und nach; im Jahr 2018 erfolgte dann der Abriss.

„Aufstieg" zum Mörderberg

Schaut man sich hier auf dem Mörderberg heute um, scheint diese düstere Vergangenheit weit weg zu sein. Genauso weit weg, wie die Zukunftspläne der nächsten Jahre. Denn Stadtplaner und Politiker haben mit dem „Blankenburger Süden" Großes vor. So sollen hier bis zu 6 000 neue Wohnungen entstehen und Schulen sowie Kitas errichtet werden. Wenn wir heute unseren Blick über die herrliche Natur rund um den Mörderberg mit grünen Wiesen, Raps- und Mohnfeldern sowie mit alten Pappeln und anderen schönen Bäumen werfen, dann befinden wir uns wohl lediglich in einer Art unbeschwerter Zwischenzeit für Mensch und Tier. Denn so düster und gefahrvoll die Vergangenheit dieses Fleckchens Erde war, genauso bedrohlich erscheint die Zukunft. Zwar werden die Architekten der Wohnstadt „Blankenburger Süden" vermutlich viel Fleiß und Ideenreichtum investieren, um den künftig hier lebenden Familien eine gute Heimat zu bieten. Gleichwohl fordern ein derart großes Bauprojekt und nicht zuletzt die später für zehntausende Menschen erforderliche Verkehrsinfrastruktur gewiss Opfer. Und die Natur, so, wie wir sie hier heute noch vorfinden, wird es dann kaum mehr geben.

Trimm-dich-Pfad Schäferstege

Vom Mörderberg aus laufen bzw. fahren wir nun ein Stück nach Süd-Südwest, bis wir eine Weggabelung erreichen. Die schöne Landschaft hier lädt – wie überall rund um den Mörderberg – zu einem Picknick oder zumindest zu einer kleinen Verweilpause ein. Anschließend geht es dann weiter mit Kurs Nordwest über den Rübezahlweg zur Heinersdorfer Straße. Dieser folgen wir auf Blankenburg zu und nehmen noch einmal Kurs auf die Dorfkirche. Hinter dieser halten wir uns jetzt entlang der Priesterstege, aber weiter geradeaus nach Norden und biegen dann nach links in die Straße 18 ein. Hier kommen wir bald auf der rechten Seite an einem schön gestalteten Sportplatz vorbei und biegen an dessen Ende links in den Weg am Kinderspielplatz Schäferstege ein, der uns durch ein idyllisches Stück Natur zurück zur Bahnhofstraße bringt. Unterwegs besteht die Möglichkeit, an einigen Trimm-dich-Geräten die eigene Kondition zu testen oder auf einer Parkbank Rast zu machen.

Trimm-Dich-Pfad

Das Ziel: Der S-Bahnhof Blankenburg

Kurz hinter dem linker Hand liegenden Supermarktparklatz erreichen wir die Bahnhofstraße, der wir nach rechts folgen, und

schon nach wenigen Metern und dem Passieren des Ilsenburg-
grabens sowie dem Durchqueren der Eisenbahnbrücke sind wir
am Bahnhof Berlin-Blankenburg angelangt, von wo aus wir die
Heimfahrt antreten können.

Am Ilsenburggraben in Blankenburg

↻ Start S-Bahnhof Blankenburg

↰ auf Bahnhofstraße

↰ auf Krugstege

↑ zur Dorfkirche Blankenburg

↱ auf Alt Blankenburg Richtung Karow

↱ auf Gernroder Straße

↑ Gernroder Straße folgen

↑ Straße Am Fließ folgen

↰ zum Mörderberg

↱ auf Rübezahlweg

↱ auf Heinersdorfer Straße

↑ Heinersdorfer Straße folgen

↑ Krugstege folgen

↑ Priesterstege folgen

↰ auf Straße 18

↰ zum Spielplatz Schäferstege

↑ Weg Schäferstege folgen

↱ auf Bahnhofstraße

↻ Ziel S-Bahnhof Blankenburg

Tour 11

Tour 11: Durch die Malchower Aue

Die Tour im Überblick

Start: S-Bahnhof Pankow-Heinersdorf
Ziel: S-Bahnhof Wartenberg
Gesamtstrecke: ca. 9 km
Fahrzeit (Rad/Roller): etwa 2 Stunden
Fußweg: etwa 3 Stunden
Besonderheiten: Ziel im Stadtbezirk Lichtenberg
Picknickmöglichkeiten: Am Malchower See
Hinter der Margarethenbrücke

Diese Route mit dem Smartphone aufrufen:

Diese Tour fällt im wahrsten Sinn des Wortes etwas aus dem Rahmen, denn wir bewegen uns hier – von den ersten paar Kilometern abgesehen – im Grunde so gut wie gar nicht (mehr) auf Pankower Territorium. Da sowohl der größte Teil von Malchow als auch Wartenberg zum Bezirk Lichtenberg gehören, mag eine solche Route in einem Pankow-Buch überraschen. Gleichwohl bieten die Malchower Aue und der Malchower See so wunderschöne Wander- und Rad- bzw. Rollerfahrmöglichkeiten, dass es für Pankower ein großes Versäumnis wäre, diese Region mit Desinteresse zu strafen. Machen wir uns daher auf und nehmen Kurs hin zu einer ebenso naturnahen wie interessanten Region ...

Der Start: S-Bahnhof Pankow-Heinersdorf

Der S-Bahnhof Pankow-Heinersdorf wurde schon auf mehreren Touren in diesem Buch besprochen, weswegen wir uns hier und heute nicht näher mit der unter dem Autobahnzubringer zur A 114 gelegenen Station befassen wollen. Stattdessen machen wir uns vom nördlichen Bahnsteig-Ausgang, der auf der östlichen Seite der Brücke gelegenen Treppe also, auf den Weg in Richtung Wartenberg.

Zunächst bewegen wir uns entlang der Prenzlauer Promenade (Rad- und Rollerfahrer schieben ihr Gefährt bitte das kurze Stück!), überqueren die Granitzstraße und biegen gleich hinter der Tankstelle (hier stand in früheren Zeiten mal eine Windmühle!) links in die Kleingartenanlage „Eigenheim" ein.

Kleingartenanlage „Eigenheim"

Das damals rund 10 Hektar große Ackerland, auf dem sich heute die Kleingartenanlage „Eigenheim an der Rothenbachstraße" befindet, wurde nach 1912 vom Volksheilstättenverein des Deutschen Roten Kreuzes gepachtet und erhielt zunächst den Namen „Norden II". Es wurden rund 300 Parzellen und mehrere Grünflächen angelegt. Trotz einer wechselvollen Geschichte mit vielen rechtlichen Hürden – vor allem zu DDR-Zeiten und auch noch nach 1990 – konnte die KGA „Eigenheim" ihren Bestand sichern und vielen dort ansässigen Gartenfreunden ein geschätztes Zuhause bieten.

Ehemaliger Bunker in der KGA „Eigenheim"

Der etwa in der Mitte der Anlage auf der rechten Seite des Hauptweges nahe einem kleinen Parkplatz auftauchende Berg ist das Überbleibsel eines ehemaligen Luftschutzbunkers, der noch bis in die 1990er Jahre als Beton-Ruine auf sich aufmerksam machte. Die massiven Steinblöcke wurden dann zerkleinert und der Schutt aufgehäuft und begrünt.

Irgendwann teilt sich der Hauptweg und erhält einen nach links abknickenden Ast, auf den wir abbiegen und schon nach wenigen Metern die Rothenbachstraße (vor 1898: Pankower Weg bzw. Mühlenweg) erreichen, der wir nach rechts folgen. An der nächsten Kreuzung in Richtung Dorfzentrum / Kirche halten. Links biegen wir dann in die Blankenburger Straße und gleich wieder halb schräg rechts in die Malchower Straße ein. Letztere wird für die kommenden 1 1/2 Kilometer unser Kompass sein. Unterwegs passieren wir auf der rechten Seite die in den 1990er Jahren entstandene Siedlung Blumenwinkel sowie die Kleingartenanlage „Gesundheitsquell".

Stadtrandsiedlung Malchow

Nach der Kreuzung mit dem Muspelsteig wird aus der Malchower Straße die Ortnitstraße, der wir folgen. Wir befinden uns nun in der Stadtrandsiedlung Malchow. Die Stadtrandsiedlung wurde in den Jahren 1936 bis 1939 auf einem Rieselfeldgelände als Mittel gegen die Wohnungsknappheit der wachsenden Großstadt Berlin errichtet. Ganz nach der damaligen Mode wurden die hier zu findenden Straßen und Wege nach Orten und Fabelwesen der nordischen Mythologie benannt.

Stadtrandsiedlung Malchow

Bald passieren wir die Kreuzung mit dem Nachtalbenweg. An dessen rechter Hand gelegener Einmündung in die Darßer Straße befand sich in den Jahren 1941 bis 1945 das Zwangsarbeiterlager Nr. 40 des Generalbauinspektors für die Reichshauptstadt (GBI), wo ab Herbst 1943 italienische Kriegsgefangene untergebracht waren. Bei einem Luftangriff alliierter Truppen am 7. Mai 1944 wurde dieses Lager getroffen; mehr als 50 italienische Militärinternierte kamen dabei ums Leben.

Wir bleiben jedoch weiter auf der Ortnitstraße, der wir bis zu ihrem Ende an der Malchower Dorfstraße folgen. Insbesondere auf den letzten 500 Metern der Ortnitstraße können wir auf beiden Seiten ausgedehnte Feld- und Wiesenbereiche bewundern und gesunde Luft schnuppern. Es lohnt sich auch ein kurzer Abstecher zur Aussichtsplattform, die sich über einen direkt links hinter der Brücke über den Fließgraben abgehenden Weg erreichen lässt.

Nach dem Überqueren der Dorfstraße (Ampel!) halten wir uns ganz kurz nach links, um gleich rechts in den asphaltierten Wander- und Radweg entlang des „Grünen Campus Malchow", einer beliebten Gemeinschaftsschule, einzubiegen. Entlang des Fließgrabens kommen wir zum Strandbereich des Malchower Sees, wo sich eine hervorragende Gelegenheit für ein kleines Picknick bietet.

Am Malchower See

Der Malchower See hat eine Größe von knapp 75 000 Quadratmeter; seine durchschnittliche Tiefe beträgt 3 Meter, die größte Tiefe knapp 6 1/2 Meter. Einmal direkt am Ufer rundherum gelaufen, würde man eine Wegstrecke von ca. 1,3 Kilometern zurücklegen. Gespeist wird der Malchower See sowohl aus dem Niederschlagswasser des Malchower Auengebietes als auch vom Malchower Dorfgraben und dem Hechtgraben. Da die Ufervegetation, aber auch die Vogel-, Amphibien- und Kleintierwelt geschützt wird, besteht ein grundsätzliches Badeverbot. Kröten, Stockenten und Haubentaucher finden sich an der Wasseroberfläche, darunter tummeln sich Barsch, Karpfen, Hecht und Zander. Sogar Welse und auch Aale wurden schon beobachtet.

Vom Strand des Malchower Sees aus setzen wir unsere Tour nun in Richtung Norden fort, bis wir den Wartenberger Weg erreichen, den wir überqueren und uns nach links halten. Bald zweigt ein kleiner asphaltierter Weg linker Hand ab, der zunächst noch ein Stück mit der Fahrstraße parallel läuft und dann nach Norden schwenkt. Wir folgen diesem Weg, der uns zur Margarethenbrücke bringt.

Margarethenbrücke

Die imposante, im Jahr 1992 für 2 1/2 Millionen DM fertiggestellte Margaretenbrücke verbindet den Malchower Bereich mit der Wartenberger Feldmark. Das gut 66 Meter lange Bauwerk überspannt die Gleise des Berliner Eisenbahn-Außenrings zwischen Hohenschönhausen und dem Karower Kreuz. Da die aus einer mit Holzbalken belegten Stahlkonstruktion bestehende Schrägseilbrücke nur von Fußgängern und Rad- bzw. Rollerfahrern benutzt werden darf, muss hier niemand die Begegnung mit einem Auto fürchten, sondern kann auch länger auf der Brücke verweilen und die darunter hindurch brausenden Züge betrachten.

Die Margarethenbrücke

Wartenberger Feldmark

Hinter der Margarethenbrücke treffen wir auf die Astridstraße, einen kleinen Siedlungsweg in schöner Lage. An der nächsten Kreuzung biegen wir rechts ab auf die Sigrunstraße und an deren Ende ebenfalls nach rechts auf die Straße „An der Margarethenhöhe". Linker Hand tut sich nun der weitläufige Landschaftspark Wartenberger Feldmark auf, ein hervorragendes Gebiet für Spaziergänger und Radfahrer, welches sich bis zum Dorf Lindenberg im Norden erstreckt. Wer mag, kann sich auf den vielen, sehr gut ausgebauten Wanderwegen noch eine Weile aufhalten und die tolle Natur genießen.

Am Ende der Straße „An der Margarethenhöhe" treffen wir wieder auf den Wartenberger Weg, dem wir in südöstliche Richtung folgen und dann bald in die Egon-Erwin-Kisch-Straße einbiegen, die uns kurzerhand zum S-Bahnhof Wartenberg führt, dem Ziel unserer heutigen Tour. Wer den Umweg mit der S-Bahn über Lichtenberg und Ostkreuz scheut, kann als Fußgänger auch durch den Tunnel am S-Bahnhof Wartenberg und dann via Ribnitzer Straße bis zur Darßer Straße laufen und von dort mit einem Bus der Linie X54 zurück nach Pankow fahren.

Ziel: S-Bahnhof Wartenberg

Straßen- und Wegeliste zur Tour 11

⊙ Start S-Bahnhof Pankow-Heinersdorf (Nordausgang)

↰ auf Prenzlauer Promenade

↑ über Rothenbachstraße

↰ in KGA „Eigenheim an der Rothenbachstraße"

↰ auf Hauptweg

↱ auf Rothenbachstraße

↱ auf Romain-Rolland-Straße

↰ auf Blankenburger Straße

↗ auf Malchower Straße

↑ Malchower Straße folgen

↑ Ortnitstraße folgen

↑ Dorfstraße überqueren

↰ auf Dorfstraße

↱ auf Weg am Malchower See

↑ Wartenberger Weg überqueren

↱ auf Wartenberger Weg

↰ auf Weg zur Margarethenbrücke

↑ Margarethenbrücke überqueren

↑ auf Astridstraße

↱ auf Sigrunstraße

↱ auf Straße An der Margarethenhöhe

↰ auf Wartenberger Weg

↗ auf Egon-Erwin-Kisch-Straße

⊙ Ziel S-Bahnhof Wartenberg

Tour 12

Tour 12: Fernziel Arkenberge

Die Tour im Überblick

Start:	S-Bahnhof Pankow-Heinersdorf
Ziel:	Siedlung Arkenberge
Gesamtstrecke:	ca. 8 km
Fahrzeit (Rad/Roller):	etwa 1 ½ Stunden
Fußweg:	etwa 2 ½ Stunden
Besonderheiten:	im Sommer Bademöglichkeit
Picknickmöglichkeiten:	Arkenberge

Diese Route mit dem Smartphone aufrufen:

Die verlinkten Kartendaten sind verfügbar gemäß Open Database License

© OpenStreetMap-Mitwirkende – Keine Gewähr für permanente Verfügbarkeit.

Tour 12 – Fernziel Arkenberge

Die letzte hier vorgestellte Tour ist zugleich diejenige, welche vermutlich den meisten Charme dazu besitzt, als Fernziel-Route bezeichnet zu werden – obwohl sie nicht einmal die längste Strecke aufweist! Wir nehmen ein Ziel in Angriff, welches sich „jwd" befindet, wie der Berliner zu sagen pflegt – „janz weit draußen".

Der Start: S-Bahnhof Pankow-Heinersdorf

Auch unsere letzte Tour wollen wir der Einfachheit halber am S-Bahnhof Pankow-Heinersdorf starten. Wir nutzen diesmal wieder den Hauptausgang durch das schöne Empfangsgebäude an der Damerowstraße. Von hier aus geht es gen Norden, auf die Pasewalker Straße, vorbei am auf der rechten Seite befindlichen Parkplatz, der zum Teil von der Brücke des Autobahnzubringers A114 überspannt wird. Der großflächige Bereich mit bis zu 420 Stellflächen wurde Ende der 1970er Jahre angelegt und trug schon zu Ostberliner Zeiten die Bezeichnung „P+R" für „Parken und Reisen".

Bald erreichen wir nach dem Passieren der neuen Pankower Feuerwache (nähere Details dazu siehe Tour 1) die Löffelbrücke.

Die 9 Meter lange und mit knapp 35 Metern beachtlich breite Löffelbrücke befindet sich genau an der Ortsteilgrenze zwischen Pankow und Französisch-Buchholz. Sie dient nicht nur dem Straßen- und Fußgängerverkehr, sondern führt auch zwei Straßenbahngleise über die darunter hinweg fließende Panke. Außerdem werden diverse Kabel und Leitungen auf die andere Uferseite geleitet. Ursprünglich im Jahr 1930 erbaut, wurde sie zwischen 2015 und 2020 saniert und für mehr als 2 Millionen Euro aus Stahlbeton komplett neu errichtet (die Jahreszahl ist gemeinsam mit dem Brückennamen am Geländer zu finden).

Geländer der Löffelbrücke

Wir setzen nun unseren Weg fort, überqueren die rechts einmündende Autobahnausfahrt und bleiben auf der Pasewalker Straße – immer auf nördlichem Kurs.

Kurz vor dem Beginn des Kreuzungsbereichs zur Marienstraße, unmittelbar hinter dem auf der linken Seite einmündenden Akkordeonweg passieren wir eine Stelle, an der sich einst ein Bahnüberhang der Industrieanschlussbahn Tegel-Friedrichsfelde befand. Diese 1907 in Betrieb genommene, für den Güterverkehr Berlins bedeutsame und in den späten 1990er Jahren endgültig stillgelegte und abgebaute Eisenbahnstrecke verband in früheren Zeiten verschiedene Industrieunternehmen mit dem Schienennetz der Deutschen Reichsbahn.

An dieser Stelle befand sich früher ein Bahnübergang

Zuletzt wurde noch der Abschnitt vom nördlichen Außenring bei Blankenburg bis nach Weißensee und Alt-Hohenschönhausen betrieben. Im Bereich des heutigen Stadtbezirkes Pankow waren damals unter anderem der ehemalige Elektromotorenhersteller Ziehl-Abegg, die Maschinenfabrik Wilhelm Wurl an der Roelckestraße (später VEB Wäge- und Nahrungsgütertechnik im Kombinat Nahrungsmittel Genussmittel Maschinenbau – NAGEMA) sowie die Deutschen Niles Werke in Weißensee (Teil des VEB Werkzeugmaschinenkombinat „7. Oktober"), der VEB Milchhof Berlin und sogar eine Dienststelle des Ministeriums für Staatssicherheit an die Bahnstrecke angeschlossen. Da – bis auf einige Gleisreste vor allem an ehemaligen Bahnübergängen – die alte Strecke komplett abgebaut wurde und teilweise auf dem Planum heute Gebäude stehen, ist eine Wiederinbetriebnahme für die Zukunft gänzlich ausgeschlossen. Interessant ist in diesem Zusammenhang auch, dass die ehemalige Pankeüberquerung der Industriebahn in Höhe des heutigen Rad- und Wanderweges an den Karpfenteichen (vgl. auch Tour 1) heute als Fußgängerbrücke weiterbesteht. Sie befindet sich in Richtung Blankenburg/Buch linker Hand kurz nach dem Pankespielplatz und nah beim Ausflugslokal Wiesenbaude.

Reste einer alten Minol-Tankstelle

Vielleicht noch einen Moment lang alten Zeiten nachsinnend und uns das Schnaufen einer Dampflok oder den sonoren Klang einer BR 106 der Reichsbahn vorstellend, setzen wir unsere Fahrt in Richtung Norden fort und folgen weiter dem Verlauf der Pasewalker Straße, die bis vor wenigen Jahren noch die Zusatzbezeichnung „B 109" (zu DDR-Zeiten „F 109") führte. Wegen der schwindenden Bedeutung dieses parallel zur Autobahn verlaufenden Verkehrsweges erfolgte 2020 die Abstufung zur Stadtstraße, womit die Zuständigkeit für Instandhaltungs- und Ausbesserungsarbeiten vom Bund auf die Stadt Berlin übergegangen ist. Apropos Autoverkehr: Nur ein paar hundert

Meter weiter auf unserer Tour, in Höhe der Hausnummer 51 der Berliner Straße (wie die nördliche Fortsetzung der Pasewalker Straße heißt), treffen wir auf die noch sichtbaren Überreste einer ehemaligen Minol-Tankstelle, von der das Dach noch sehr gut zu erkennen ist.

Hier tankten früher Autos

Nun mündet bald links die Blankenfelder Straße in die Berliner Straße ein. Letztere trägt auf ihrer nördlichen Fortführung (dem Weg, den wir nehmen) den Namen Hauptstraße, wird schmaler und bringt uns in Richtung Dorfkirche Buchholz.

Elfenteich und Dorfkirche

Auf der rechten Seite, in die Parkstraße, bog früher die Straßenbahn ein, um über Elfenallee und Grafensteinstraße eine Schleife zu fahren und sodann vor der Buchholzer Kirche zur

Abfahrt in Richtung Berliner Stadtzentrum wieder bereitzu-
stehen. Inmitten dieser ehemaligen großzügigen Wendeschleife findet sich ein hübscher Park von ca. 5 000 Quadratmetern inklusive des „Elfenteichs", einer kleinen Wasserfläche,
welcher man durchaus einen Besuch abstatten kann.

Weiter geht es dann nach Norden, vorbei an der Dorfkirche
Buchholz. Errichtet wurde das Gotteshaus zwischen 1250 und
1260 aus Feldsteinquadern, dann 1852 um ein Querschiff mit
neuer Apsis erweitert, bevor im Zweiten Weltkrieg neben der
Orgel und einem Teil der Inneneinrichtung auch Dachstuhl und
Turm stark beschädigt bzw. zerstört worden sind. Heute befin-
den sich im Glockenstuhl drei Glocken aus der Glockengießerei
Apolda, die dort im Jahr 1970 aufgehängt wurden.

Buchholzer Dorfkirche

Wir folgen nun weiter der Hauptstraße, die ihren Namen bald zu „Schönerlinder Straße" wechselt. Die Bebauung verliert hier endgültig ihren (vor)städtischen Charakter und verändert sich zu kleinen Einfamilienhäusern und bäuerlichen Gehöften. Haben wir die auf der linken Seite einmündende „Straße nach Arkenberge" erreicht, biegen wir auf diese ab.

Berliner Bär an der Stadtgrenze

Rechter Hand, jenseits des Autobahnzubringers A114 (dem wir uns hier bis auf wenige Meter nähern und sogar den 2022 hier aufgestellten Berliner Bären sehen können, der die Stadtgrenze markiert) und dicht bei der Lindenhofbrücke, befindet sich zwischen den beiden S-Bahn-Gleisen (Strecke Blankenburg – Birkenwerder) ein Bahnsteig-Rohbau aus den späten 1980er Jahren. Im Zusammenhang mit dem einst in der Nähe geplanten Neubaugebiet „Hobrechtstadt" sollten auch S-Bahn-stationen und sogar ein Bahnbetriebswerk entstehen, weswegen frühzeitig mit der Vorbereitung entsprechender Anlagen begonnen wurde. Nachdem die Pläne für das Wohnviertel aufgegebenen worden sind, wurde eine Inbetriebnahme des Bahnhofs Arkenberge Ost unnötig; der Bahnsteig fristet nur noch ein Schattendasein und wartet auf eine möglicherweise irgendwann einmal erfolgende Beseitigung.

Das Ziel: Arkenberge

Nun haben wir also das Ziel unserer letzten Tour erreicht, die Arkenberge. Einst bestanden die Arkenberge aus mehreren Hügeln und wiesen eine Höhe von bis zu 70 Metern auf. Sie wurden nach und nach abgetragen und das Kiesvorkommen sowohl für die Errichtung von Gebäuden in Berlin als auch für den Autobahnbau verwendet. Im Zuge der Abtragung der ursprünglichen Arkenberge und dem Kiesabbau entstanden ab 1979 zwei Kiesseen. Zudem begann man mit der Einrichtung einer Müll- und (ab 1984) Bauschuttdeponie. Durch die immer größere Aufhäufung von Schutt erreichten die „neuen" Arkenberge eine Höhe von 122 Meter über dem Meeresspiegel – seit Anfang 2015 sind sie damit offiziell die höchste Erhebung der Stadt Berlin. Insbesondere wegen der Bereiche um die Seen herum ist das zum Naturpark Barnim gehörende Gebiet bei Naturliebhabern und Badefreunden gleichermaßen beliebt.

Was viele nicht wissen: Wenige Meter entfernt vom Seeufer befand sich früher eine geheime Funkstelle der Nachrichtenabteilung (Abteilung N) des Ministeriums für Staatssicherheit. In dem kleinen Fernmeldebunker des Typs „Schalthaus 1" (SH-1) aus den 1970er Jahren befand sich ein Fernmelderelais; neben dem Objekt war ein Sende- und Empfangsmast errichtet. Vermutet wird, dass die Funkanlage der Weiterleitung von als geheim eingestuften Nachrichten diente. Genauere Informationen liegen allerdings nicht vor.

Badesee Arkenberge

Zurück ins Pankower Zentrum kommen wir entweder auf gleicher Strecke oder ab Siedlung Arkenberge mit einem Bus der Linie 107 bis Niederschönhausen und von dort weiter mit der Straßenbahn M1.

Straße nach Arkenberge

⚲ Start S-Bahnhof Pankow-Heinersdorf

↱ auf Damerowstraße / Pasewalker Straße

↑ Pasewalker Straße folgen

↑ Berliner Straße folgen

↑ Hauptstraße folgen

↑ Schönerlinder Straße folgen

↰ auf Straße nach Arkenberge

↑ Straße nach Arkenberge folgen

⚲ Ziel Siedlung Arkenberge

Straßen-, Orts- und Namensverzeichnis